YÖRÜK
Nomadenleben in der Türkei

YÖRÜK

Nomadenleben in der Türkei

Herausgegeben von Albert Kunze

Kultur publik Gesellschaft

Gewidmet den nomadischen Yörük
und all jenen mit einem beweglichen Zuhause

Die Ausstellung steht unter der Schirmherrschaft des Botschafters der Republik Türkei in der Bundesrepublik Deutschland, Dr. Onur Öymen, und der Beauftragten der Bundesregierung für die Belange der Ausländer, Cornelia Schmalz-Jacobsen

CIP-Kurztitelaufnahme der Deutschen Bibliothek
YÖRÜK: Nomadenleben in der Türkei / veranst.
von Kultur publik. Hrsg. von Albert Kunze anläßl.
d. gleichnamigen Wanderausstellung
[Titelfoto: Murat Türemiş, Rückenfoto: Albert Kunze].
— München, Trickster-Verlag, 1994
ISBN 3-923804-22-9
NE: Kunze, Albert [Hrsg.]; Ulm, München, Leipzig, Tübingen

Umschlag: Till Schlünz, Hamburg
Übersetzungen: Nedim Sönmez, Tübingen
Repros: Reprotechnik Junck, Düsseldorf/Jungingen
Satz und Belichtung: Computer-Schreibbüro Schweinlin, Tübingen
Druck und Verarbeitung: Druckhaus Münster, Kornwestheim

Inhalt

Yörük-Frau aus dem Stamm der Sarıkeçili im Zelt beim Einschenken von schwarzem Tee.
Provinz Denizli 1993

Nach dem Schlachten eines Hammels wird das Fleisch mit zwei Messern zerlegt.
Provinz Afyonkarahisar 1993

Yörük-Mann aus dem Stamm der Güzelbeyli beim Reparieren eines Drahtzaunes, der für die Lämmer verwendet wird. Diese Arbeit gehört zu den Vorbereitungen für den bald folgenden Abstieg von der Sommeralm (*yayla*) in das Herbstweidegebiet.
Provinz Denizli 1993

Vorwort und Einleitung

Das Projekt über die nomadischen Yörük

Sowohl in der alltäglichen Umgangssprache als auch in Fachbüchern wird der Begriff 'Nomaden' oft verwendet für nichtseßhafte, mobile Menschen. Bei genauer Betrachtung stellt sich aber heraus, daß die Nomadenvölker in Afrika, Asien und Europa nur *eine* Gruppe der weltweit verbreiteten Wanderkulturen bilden. Von der Verlegung von Wohnsitz und Lebensraum profitieren viele, deren Tätigkeiten Jagd und Bauerntum, Handwerk und Handel, industrielle Arbeit und Dienstleistungen umfassen. Das Nomadentum hingegen, so wie es hier aufgrund des Wortursprungs verstanden wird, hat Kulturen hervorgebracht, die alle auf der mobilen Tierhaltung basieren. Aus dem Altgriechischen stammend, wurde der Begriff 'nomas' in der griechischen und lateinischen Literatur im Sinne von 'Viehherden weidend und mit ihnen herumziehend' verwendet.

Nomadismus — Definition und Gründe

Der Nomadismus ist die beweglichste Form der Wanderviehwirtschaft, zu der auch die in Deutschland existierende Almwirtschaft und Wanderschäferei sowie die 'Transhumanz' von einzelnen Hirten z.B. in den Mittelmeerländern gehören.

Die nomadische Wirtschaftsweise wird charakterisiert durch jahreszeitliche Wanderungen von Familien mit Viehherden und beweglichen Behausungen in verschiedene Regionen. Es gibt eine Vielzahl von Wohn-, Wirtschafts- und Lebensformen innerhalb des Nomadismus, der nach der Art der Herdentiere, der Wanderungen und der genutzten Landschaften untergliedert wird (siehe den Beitrag "Was ist Nomadismus?").

Die Motive für nomadische Weidewanderungen liegen meist in Klima und Vegetation begründet. Sie richten sich stark nach den geographischen Gegebenheiten und ermöglichen eine zeitweilige Verwendung von abseits gelegenen Flächen, die eine seßhafte Besiedlung nicht zulassen. Die Mobilität von Nomadenvölkern ermöglicht es ihnen, die besten Märkte für ihre Tierprodukte und die besten Orte für zusätzliche Verdienstmöglichkeiten zu finden. In Zeiten starker geschichtlicher, politischer und ökologischer Veränderungen und Krisen können sie oft schnell mit einer Verlagerung ihrer Weiden und Wege oder dem Ausweichen auf andere Beschäftigungen reagieren. Diese Fähigkeit beweglicher Problemlösungen hat ihnen im Laufe der Geschichte Vorteile gebracht, aber auch den Neid und Aggressionen seßhafter Kulturen.

Gemeinsame Mahlzeit von Männern aus den Stämmen der Honamlı und Tekeli im Zelt. Provinz Maraş 1964 (U.J.)

Aus der Sicht der anderen

Ein großes Problem bei der Erforschung nomadischer Kulturen besteht in der einseitigen Sichtweise schriftlicher Quellen, die oft von den Interessen befeindeter nicht-nomadischer Gesellschaft gefärbt sind. In manchen Fällen begründet aber auch eine idealisierende, verklärende Darstellung etwa vom 'edlen Ritter der Wüste' eine Verzerrung der Wirklichkeit. Nur selten *schrieben* Nomadengruppen ihre eigene Geschichte, die eher mündlich, z.B. in Form von Epen und Balladen, weitergegeben wurde. Interessante Beispiele eigener schriftlicher Überlieferungen solcher Völkerschaften sind Texte alttürkischer Reiche in Zentralasien oder aus der Anfangszeit des von Nomadengruppen gegründeten Osmanischen Reiches. Die Aufarbeitung dieser Quellen bleibt eine wichtige Aufgabe der geschichtlich orientierten Nomadismusforschung.

Als Teil ihres Reiseprogramms besuchen deutsche Touristen eine an der Straße gelegene Yörük-Zeltsiedlung, deren BewohnerInnen sich auf die Herstellung und den Verkauf von Teppichen und Kelims spezialisiert haben.
Provinz Antalya 1993

Die Problematik einer negativen Darstellung nomadischer Kulturen findet sich auch in Reise- und Forschungsberichten des 19. und 20. Jahrhunderts. Häufig entstellen sie die mobile Tierhaltung als ein Überbleibsel vergangener Zeiten und unvereinbar mit der modernen Entwicklung. Konsequenterweise hatten die Kolonialpolitik und die Entwicklungsprogramme der europäischen und nordamerikanischen Staaten nach dem Zweiten Weltkrieg oft die Seßhaftmachung nomadischer Gruppen zum Ziel und auch andere Länder wie beispielsweise die Sowjetunion oder China betrieben eine Politik der Ansiedlung. Hiervon machten auch die meist in den Kolonialstaaten ausgebildeten Eliten der unabhängig gewordenen Nationalstaaten Afrikas und Asiens kaum eine Ausnahme. Noch vor wenigen Jahrzehnten schien das Ende des immer weiter zurückgedrängten Nomadismus besiegelt.

Neue Erkenntnisse der Entwicklungspolitik

Mittlerweile ist unübersehbar, daß viele 'Entwicklungsprogramme' für eine agrarische Nutzung der Trockengebiete mit Hilfe der Technik (z.B. Tiefbrunnen, Bewässerung, Landmaschinen) scheitern mußten. Solche Maßnahmen beruhten oft genug auf zu geringen Kenntnissen und folglich auf Fehleinschätzungen der komplizierten Ökologie der Steppen- und Wüstenregionen. Zum anderen haben die von der modernen Technik ermöglichten Eingriffe in den Naturhaushalt immer wieder verheerende Folgen wie z.B. den Abfall des Grundwasserspiegels. Statt der geplanten Förderung von Lebensqualität in den wirtschaftlich weniger entwickelten Ländern müssen sich die Industriestaaten immer öfter den Export ihrer naturzerstörenden Lebens- und Wirtschaftsweise vor Augen halten. So wächst in der jüngsten Zeit die Erkenntnis, daß der Nomadismus ein jahrhundertelang ausgeklügeltes, anpassungsfähiges System in geographischen Randgebieten und wirtschaftlichen Problemregionen ist. Eine sinnvolle Alternative zur Nutzung dieser Flächen scheint nicht zu bestehen. Die Entwicklungspolitik hat deshalb neuerdings Wege der Förderung und Weiterentwicklung nomadischer Lebensformen gesucht und erörtert.

Milchzentrifuge zum Trennen von Rahm und Magermilch. Das mit einer Handkurbel betriebene Gerät wird in der Türkei nach einem Schweizer Patent hergestellt.
Provinz Denizli 1986

Nomadismus in Anatolien

Anders als in Trockengebieten stellt sich die Situation in Anatolien, dem asiatischen Teil der heutigen Republik Türkei, dar. Nicht der Wüstencharakter, sondern die gebirgige Beschaffenheit des Landes haben hier vor Jahrtausenden zum Entstehen des Nomadentums geführt. Begünstigt wurde diese Entwicklung durch das Vorkommen wilder Schafe, Ziegen und Rinder. Nach dem neuesten Forschungsstand wurden sie weltweit zuerst im Südosten Anatoliens gezähmt (siehe den Beitrag "Uralte Kulturen Anatoliens"). Da etwa ein Viertel der Landesfläche oberhalb der natürlichen Baumgrenze von etwa 2000 Meter liegt, ist der sommerliche Bergnomadismus hier die einzige

Möglichkeit der Bewirtschaftung (siehe den Beitrag "Gebirgige Fakten").

Der Bedeutungsverlust des Nomadismus in der Türkei geht einerseits auf die Verfolgung der Nomadenstämme durch die osmanische Zentralmacht zurück (siehe den Beitrag "Yörük und fremde Herrschaft"), andererseits bestanden durch frei gewordene Dörfer und Ländereien nach dem armenischen Exodus und der Auswanderung des griechischen Bevölkerungsteils zwischen 1915 und 1925 günstige Ansiedlungsmöglichkeiten. Die Hauptgründe für die Seßhaftwerdung nomadischer Gruppen sind allerdings mittlerweile das Bevölkerungswachstum, die Ausdehnung der Anbauflächen und die Mechanisierung der Landwirtschaft, wodurch die in tieferen Regionen gelegenen Winterweidegebiete immer rarer werden (siehe den Beitrag "Talfahrt").

Die Yörük

Nach der fast vollständigen Ansiedlung der turkmenischen Nomadenstämme in der Türkei gegen Ende des 19. Jahrhunderts bilden die Yörük allein den westlichen Zweig des anatolischen Nomadentums. Zahlreicher noch als sie nomadisieren kurdisch-sprachige Stämme im Osten des Landes. Die Grenze der Siedlungs- und Wandergebiete beider Gruppen liegt in der Region von Gaziantep. In den westlich davon gelegenen Höhenzügen des Taurusgebirges befindet sich der Lebensraum der Yörük, vor allem im Süden entlang der Mittelmeerküste bis hin zur Ägäis. Einige Yörük-Gruppen haben sich auch im Inneren und Nordwesten der Türkei niedergelassen (siehe Karte "Ethnische Minderheiten", S. 73).

Ein Großteil dieser mehrere hunderttausend Mitglieder umfassenden türkisch-sprachigen Volksgruppe ist heute seßhaft und geht bäuerlichen oder anderen Berufen nach. Viele Yörük leben als ArbeitsmigrantInnen in Deutschland und in anderen Ländern Mitteleuropas. Etliche Yörük-stämmige Menschen haben Karrieren im diplomatischen Dienst, in der Justiz und im Staatsdienst bis zum Ministeramt gemacht. Wie weit es ehemalige Schäfer bringen können, zeigt das Beispiel des türkischen Staatspräsidenten Süleyman Demirel, der im Volksmund auch "Çoban Sülü / Hirten-Sülü" genannt wird.

Die genealogische Beziehung zur Volksgruppe der Yörük muß aber nicht bedeuten, daß immer noch eine Yörük-Identität besteht. Die Yörük rechnen sich allesamt zur türkischen Nationalität. Oft werden sie sogar als "öz Türkler", als ursprüngliche Türkinnen und Türken bezeichnet, von denen viele Menschen in der Türkei abstammen. Mit hoher Wahrscheinlichkeit müssen sie allerdings eher als ein Mischvolk gelten, das nach der türkischen Einwanderung nach Anatolien ab dem 11./12. Jahrhundert einheimische, also byzantinische und kurdische Elemente aufgenommen hat. Im Gegensatz zu Teilen der kurdischsprachigen Bevölkerung in der Türkei gibt es zwischen Yörük und dem türkischen Staat keine ethnischen Spannungen. Lediglich unter

Junge aus dem Stamm der Sarıkeçili.
Provinz Denizli 1993

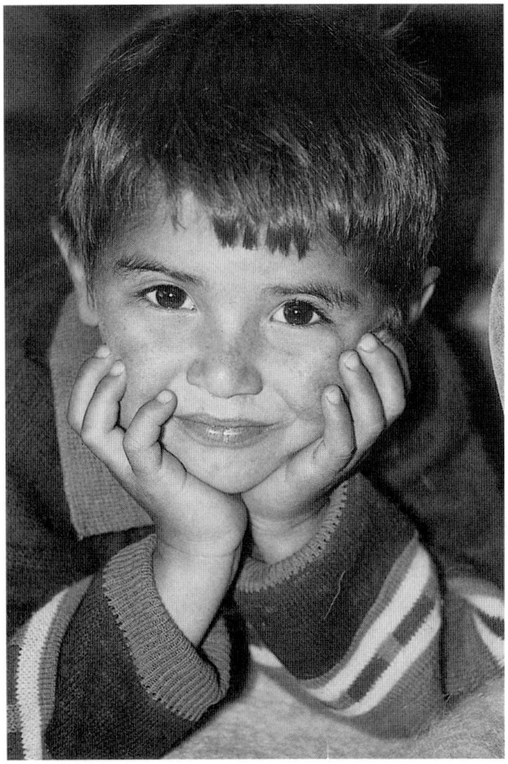

den nomadischen Yörük werden Klagen über die Regierung laut, da sich manche wegen ihrer Wirtschafts- und Lebensweise im Vergleich mit der bäuerlichen Bevölkerung vernachlässigt und unterprivilegiert fühlen. Vor allem alte Yörük haben das Gefühl, daß die Entwicklung sie benachteiligt, da ihnen zum Beispiel von der osmanischen Sultans-Verwaltung zugesprochene Weidegebiete nach der Republikgründung im Jahre 1923 entzogen wurden.

Identität und Wortursprung

Während manche Menschen auf ihre Yörük-Herkunft keinerlei Wert legen, bezeichnen sich andere immer noch als Yörük und bevorzugen Heiraten unter ihresgleichen, obgleich sie schon seit Jahrzehnten oder gar Jahrhunderten seßhaft sind. Die plausibel klingende und oft gehörte Erklärung, das Wort "Yörük" oder auch "Yürük" stamme vom

Yörük-Junge vor einem der Bänder zum Verspannen des Zeltes.
Provinz Afyonkarahisar 1993

türkischen Verb "yürümek"-"wandern" und bezeichne also gleichsam den nomadischen Berufsstand, wird durch diesen Sachverhalt widerlegt. Hinzu kommt, daß es unter der nomadisch lebenden Bevölkerung immer eine klare begriffliche Trennung gab: turkmenische und kurdische Gruppen bezeichnen sich nie als Yörük.

Es muß also davon ausgegangen werden, daß Yörük eine Name ist, im Türkischen schon durch den großen Anfangsbuchstaben ausgedrückt, und keine Berufsbezeichnung. Da die Yörük aber allesamt von einer nomadischen Bevölkerung abstammen, ist es durchaus möglich, daß ihre Namen im Zusammenhang mit dem Verb "yürümek" steht.

Schon vor Jahrhunderten begannen die ersten Yörük seßhaft zu werden (siehe den Beitrag "Yörük und Fremdherrschaft"). Neben dem starken politischen Druck auf die Nomadengruppen Anatoliens spielt vor allem eine Rolle, daß die Weidegebiete begrenzt sind. Nur für eine Anzahl von Nomadenfamilien reichen diese Ländereien, zumal in jüngerer Zeit die Herdengröße steigt, die für ein Überleben notwendig ist. Angesichts der großen Familien war es früher notwendig, daß viele der Kinder sich anderen Tätigkeiten zuwendeten.

Von den einst Hunderttausenden nomadischer Yörük dürften heute nur einige Zehntausende geblieben sein, die die traditionelle Lebensform des Bergnomadismus beibehalten haben. Die meisten bestellen Land und besitzen Häuser, die sie im Winter bewohnen. Die Zahl der Yörük, die das ganze Jahr über in ihren schwarzen Ziegenhaarzelten wohnen, dürfte unter 10000 liegen (siehe dazu den Beitrag "Überblick").

Vom Zelteingang aus mustert ein Tekeli-Junge die ungewohnten BesucherInnen.
Provinz İzmir 1992

"Mit Euch sei Friede, tretet ein!"

Meine Beschäftigung mit dem Nomadismus in der Türkei nahm ihren Anfang mit den Erzählungen eines Istanbuler Freundes über seine Besuche bei Yörük-Familien. Bei Wanderungen in der Nähe der zentralanatolischen Stadt Niğde hatte er sie in ihren Sommerlagern angetroffen. Nachdem ich dann Yaşar Kemals tiefbewegenden Roman "Das Lied der Tausend Stiere" über den Überlebenskampf einer Nomadengruppe aus dem Stammesverband der Aydınlı im Südosten der Türkei gelesen hatte, war das Interesse des Völkerkundestudenten vollends entbrannt.

Bald darauf erfuhr ich, daß die langjährige Leiterin des Instituts für Völkerkunde an der Universität Köln, Frau Prof. Ulla Johansen — geradezu eine Seltenheit in den Kulturwissenschaften — seit den 50er Jahren Feldforschungen bei eben jenen Aydınlı-Yörük unternommen hatte. Ihr ist es auch zu danken, daß die jetzige Ausstellung überhaupt zustande kommen konnte, da sie in jenen Jahren eine umfangreiche Sammlung anlegte, die den Kern der Ausstellung ausmacht. An das Hamburgische Museum für Völkerkunde hatte sie damals ihre Exponate weitergegeben, die vom heutigen Direktor, Prof. Wulf Köpke, und dem Leiter der Eurasien-Abteilung, Dr. Rüdiger Vossen, freundlicherweise für das Projekt einer Wanderausstellung bis 1996 verliehen wurden. In dem folgenden Artikel beschreibt Frau Johansen ihre damaligen Zeit bei den Yörük und das Zustandekommen der Sammlung.

1984, knapp 30 Jahre nach Frau Prof. Johansens ersten Forschungen, sahen meine Frau und ich von einer Überlandstraße aus, die durch das Menderesdelta nahe der Ägäisküste führt, die ersten Schwarzen Zelte. Wir hielten an, beratschlagten kurz und gingen mit einem etwas beklommenen Gefühl auf sie zu. Unser "selamünaleyküm" wurde von den Zeltbewohnern mit einem "aleykümselam, hos geldiniz, buyurunuz!" ("mit Euch sei Friede, willkommen, tretet ein!") erwidert und wir wurden ins Zelt gebeten. In den darauffolgenden Jahren wiederholte sich diese Szene vielfach und wir waren immer wieder überwältigt von der Gastfreundschaft und der Offenheit der Yörük. Manchmal

Yörük-Frau beim Spülen des Geschirrs in der Nähe ihres Zeltes.
Provinz Denizli 1993

S. 17: Schwarze Zelte auf einer Sommeralm (*yayla*) vor einem Zedernwald.
Provinz Denizli 1993

S. 18: Ein Yörük-Mann hilft seiner Frau und einer Nachbarin beim Melken.
Provinz Denizli 1993

Yörük-Mädchen, das sich am Zeltband festhält.
Provinz Afyonkarahisar 1991

kamen in uns beschämende Gefühle beim Gedanken an die oft feindselige Behandlung türkischer Menschen in Deutschland auf.

Tradition und Moderne

Obwohl der Nomadismus häufig als aussterbende Lebensform geschildert wurde, machten wir in den vergangenen zehn Jahren die Erfahrung, daß sie bei den Yörük im Südwesten der Türkei, die wir mit verschiedenen türkischen und deutschen BegleiterInnen hauptsächlich bereisten, immer noch lebendig ist. Wir erfuhren von Hunderten von Nomadenzelten, sahen und besuchten etliche davon und trafen Menschen, die keineswegs zu den "Ewiggestrigen" gehören. Ihre Aufgeschlossenheit für die Technik und andere Gegebenheiten der modernen Welt lassen sich an vielen Beispielen verdeutlichen. So gibt es heutzutage in fast jedem Zelt ein Radiogerät, über dessen Programme die Yörük neben den Mund zu Mund-Nachrichten einen guten Teil ihrer Informationen beziehen. Wir erlebten, wie Yörük-Männer durch die Montage von Zusatzbatterien die Laufdauer ihrer Radio- und Kassettengeräte verlängerten, um Unterhaltung für die ausgedehnten Sommernächte beim Hüten ihrer Schafherden zu haben. Daß Musik aus der Retorte mehr und mehr das eigene Musizieren verdrängt, läßt sich auch bei den Yörük bemerken, obwohl einige immer wieder zu ihren Instrumenten wie die *saz* (eine Langhalslaute) oder Flöten greifen (siehe dazu den Beitrag "Das Lied der Hirten"). Auch die Kommunikation mit Funkgeräten und die Bilderwelt des Fernsehens haben bei den Yörük Einzug gehalten. Türkische wie deutsche StädterInnen empfinden die Vorstellung eines aus den Zeiten Abrahams stammenden Schwarzen Zeltes, aus dem blaues TV-Licht strahlt, manchmal als irritierend, weil es nicht in das Bild einer traditionellen Kultur paßt. Auch wir hatten Schwierigkeiten, den Schilderungen eines greisen Yörük über seine ehemaligen Salzkarawanen mit anderen Dromedarbesitzern zu lauschen, während sich vier Meter von uns entfernt ein Hollywoodpärchen auf einem Studiobett räkelte. Daß die Yörük es verstehen, Tradition und Moderne zu verknüpfen, zeigt ihre Beweglichkeit auch im Geiste. Durch den Einsatz von Traktoren, Wassertankwagen, Motorrädern und Autos verbessern sich ihre Möglichkeiten, ein akzeptables Einkommen zu erzielen. Wir hörten von Molkereizelten, in denen die aus den Zelten der Umgebung gesammelte Milch zentral verarbeitet wird, von Männern, die von der südanatolischen Stadt Adana aus einen schwunghaften Handel mit Zeltgeweben für die dortige Beduinenbevölkerung und mit Schlachtvieh betreiben. Dennoch sind die Yörük eine sehr traditionsbewußte Volksgruppe, die die Kultur ihrer Vorfahren fortsetzen, beispielsweise durch die Wohnform in ihren Ziegenhaarzelten oder durch die Herstellung von gewebten und geknüpften Textilien auf eigenen Webstühlen (mehr darüber in "Haus aus Haar" und "Web-Art"). Da sie stark in die gesellschaftlichen und wirtschaftlichen Bedingungen

der Moderne eingebunden sind, besteht allerdings eine starke Tendenz zur Spezialisierung. So wird die Weberei nicht mehr in jeder Familie betrieben und die Zelte werden meist von Manufakturen bezogen. Manche Yörük vermindern ihre viehzüchterischen Aktivitäten, um sich ganz auf die Herstellung von Teppichen zu konzentrieren, die sie an einheimische wie ausländische Touristen verkaufen.

S. 20: Ausschau nach Besuchern.
Provinz Denizli 1993

S. 19: Yörük-Frau beim Zubereiten von *ayran*, einem Joghurt-Wasser-Getränk. Im Hintergrund abgeerntete Stoppelfelder, die als Herbstweide dienen.
Provinz Denizli 1986

Das Projekt über die nomadischen Yörük

Nach all unseren Erfahrungen und Begegnungen mit den nomadischen Yörük erschien es uns wünschenswert, ihre Lebensweise besser kennenzulernen und einer Öffentlichkeit nahezubringen. Seit 1990 wurde deshalb im Rahmen eines Lehrauftrages am Institut für Völkerkunde und Afrikanistik an der Ludwig-Maximilians-Universität München der Grundstein für ein Ausstellungs-, Medien- und Forschungsprojekt gelegt. In den kommenden Jahren sollen weitere Reisen und Forschungsbemühungen das Bild dieser faszinierenden Kultur vertiefen.

Die vorliegenden 'Grundinformationen' sollen künftig durch die Zusammenarbeit mit türkischen und internationalen Wissenschaftlerinnen und Wissenschaftlern und Institutionen ergänzt werden. Neben dem Aufbau eines Bild-, Ton- und Videoarchivs ist eine Filmproduktion für das Fernsehen und das Institut für den wissenschaftlichen Film zusammen mit der Medien-Abteilung der Universität Tübingen geplant.

All diese Aktivitäten haben zum Ziel, den Yörük selbst und anderen Bevölkerungsgruppen der Türkei Informationen auch in türkischer Sprache in die Hand zu geben. Aus diesem Grunde wurden die Texte in der Ausstellung auch in türkischer Sprache wiedergegeben und eine türkische Ausgabe des Katalog-Buchs aufgelegt.

Wir wünschen uns, die Ausstellung, das Katalog-Buch, die Medien und Begleitveranstaltungen mögen zu einer weiteren, fruchtbaren Auseinandersetzung und Beschäftigung mit anderen Kulturen anregen und hoffen, einen Beitrag zum besseren Verständnis und zur Achtung türkischer Kultur zu leisten. Es ist uns klar, daß die nomadisierenden Yörük nur einen kleinen Prozentsatz der Bevölkerung der Türkei repräsentieren und nur ein spezifisches Moment in der zunehmend von der Industrialisierung und von modernen Städten geprägten türkischen Gesellschaft ausmachen. Dennoch scheint es uns lohnenswert, die Kultur dieser Minderheit intensiv zu erforschen und darzustellen, zumal sie viel mit den geschichtlichen Wurzeln der modernen Türkei zu tun hat. Wir würden es ebenso als großen Gewinn ansehen und uns freuen, wenn Regionalkulturen in Deutschland von türkischen Forschenden untersucht würden. Als ein Anfang könnte das Interview türkischer JournalistInnen mit einem deutschen Wanderschäfer auf der Schwäbischen Alb gelten und der darauffolgende Artikel in der Ulmer Zeitung "Merhaba".

Dieselbe Frau einige Jahre später.
Provinz Denizli 1993

Abschließend möchte ich allen nachfolgend genannten Personen und Institutionen herzlich für ihre Hilfe danken. Ohne ihre Unterstützung und Solidarität wäre dieses Projekt nie Wirklichkeit geworden.

Albert Kunze

Frau aus dem Stamm der Karaevli an der Nähmaschine im Zelt.
Provinz Adana 1964 (U.J.)

Projektgruppe

Martin Beck
Reyhan Eroğlu
Dincer Güler
Ruth Kumpmann
Petra Lindemaier
Cornelia Reiter
Larissa Sanyo
Christiane Schütze
Latîfe Summerer
Ahmet Uzun
Ines Vogt
Ingo Ala'u din Zimmermann

alle München

Astrid Drey
Andreas Konitzer
George Mayer
Ralph Schneider
Konrad Witt

alle Tübingen

Hüseyin Topuz
İstanbul

Übersetzungen

Nedim Sönmez
Tübingen

Mit dem Traktor kann ein Tankwagen zum Zelt gezogen werden. Der Yörük-Mann bestreut das Wasser mit einer Mehl-Salz-Mischung, um es für seine Ziegen schmackhafter zu machen und um deren Salzbedarf zu decken.
Provinz Denizli 1993

Das dünne Brot (*yufka ekmek*) aus stark ausgemahlenem Weizenmehl, Wasser und etwas Salz wird auf einem Tischchen mit Hilfe eines Stabes dünn ausgerollt und auf einem konvexen Backblech (*saç*) drei bis fünf Minuten von beiden Seiten gebacken.
Stamm der Karaevli, Provinz Adana 1957 (U.J.)

Leihgeber

Hamburgisches Museum für Völkerkunde
Staatliches Museum für Völkerkunde, München
Völkerkundliches Institut der Universität Tübingen
Sammlung Vural, Konya
Sammlung Rajnaipour, Tübingen
Sammlung Kunze, Hechingen

Kooperierende Universitätsinstitute und deren LeiterInnen

Institut für Völkerkunde und Afrikanistik der Universität München, Prof. Matthias S. Laubscher
Arbeitsgruppe am Institut für Völkerkunde der Universität Tübingen, Prof. Irmtraud Stellrecht
Medien-Abteilung der Universität Tübingen, Dr. Norbert Hoffmann

Der tägliche Brotverbrauch einer Familie. Obenauf liegen zwei dickere Fladen, die langsam über dem ausgehenden Feuer gebacken wurden.
Stamm der Honamlı, Provinz Maraş 1957 (U.J.)

Ausstellungsvideo

Wolfgang Frank, Almuth Schellpeper, Marcus Vetter, alle Tübingen.

Ausstellungs-Tonbildschau

Andreas Konitzer, Almuth Schellpeper, Konrad Witt, alle Tübingen; Kerstin Flötner, Stuttgart.

Ausstellungs-Installation

Astrid Drey, Michael Penz, Ralph Schneider, Armin Schrenk, Konrad Witt, alle Tübingen; Kerstin Flötner, Stuttgart; Ruth Kumpmann, Ingo Ala'u din Zimmermann, beide München.

Ausstellungsorte und deren LeiterInnen

Ulm (29.01.-06.03.1994) Roxy-Kultur in den Hallen, Peter Langer

München (17.03.-12.06.1994) Prähistorische Staatssammlung, Dr. Hermann Dannheimer

Leipzig (21.06.-ca. 14.08.1994) Museum für Völkerkunde, Dr. Lothar Stein

Tübingen (ca. 27.08.-16.10.1994) Stadtmuseum, Dr. Claudine Pachnicke

Die Wanderausstellung soll bis Mitte 1996 laufen, weitere Stationen sind noch offen.

Schirmherrschaft

Dr. Onur Öymen, Botschafter der Republik Türkei in Deutschland

Cornelia Schmalz-Jacobsen, Ausländerbeauftragte der Bundesregierung

Gedeckte Speisedecke (*sofra*), die zum Essen einlädt, mit einer Schale Joghurt, einer Schale in Butter gewälzter Weizengrütze und einer verzinnten Kupfertasse mit frischem Quellwasser. Dazu befindet sich vor dem Platz aller Mitessenden ein kleiner Stapel des zur Hälfte gefalteten dünnen Brotes.
Stamm der Karaevli, Provinz Adana 1957 (U.J.)

Das dünne Brot wird zu einer Art Löffel gefaltet. Damit greift man in die gemeinsame Schüssel und ißt Brot und Beilage zusammen auf. Für den nächsten Bissen (*lokma*) faltet man ein neues Stück Brot. Dadurch wird das gemeinsame Essen sehr viel hygienischer als etwa im Europa des vorigen Jahrhunderts, wo jeder mit dem abgeleckten Löffel wieder in die gemeinsame Suppenschüssel fuhr.
Provinz Adana 1957 (U.J.)

Frau Ulla Johansen in Begleitung ihrer Freunde aus dem Stammesverband der Aydınlı.
Provinz Adana 1964

Felderfahrungen bei den Aydınlı

Zur Entstehung der Yörük-Sammlung des Hamburgischen Museums für Völkerkunde

Ein jeder junge Völkerkundler wünscht sich, die außereuropäischen Völker, von denen er während des Studiums viel gehört und gelesen hat, nun selbst kennenzulernen, eine Feldforschung bei der Gruppe durchzuführen, die seine Anteilnahme am stärksten geweckt hat. Mir ging es nicht anders, wenngleich bei Abschluß meines Studiums 1953 — vor der Zeit des Massentourismus — Reisen ins Ausland, insbesondere in Gebiete außerhalb Europas, eine große Ausnahme bildeten. Ich hatte meine Dissertation über ein türksprachiges Volk in Sibirien geschrieben und zweieinhalb Jahre türkisch gelernt. Nach vielen vergeblichen Anläufen gelang es mir schließlich, mit einem zunächst neunmonatigen Austausch-Stipendium zum Studium der türkischen Volkskunde (oder Ethnologie) an der Universität Ankara in die Türkei zu kommen.

Ich hatte mich während meines Studiums und der folgenden 18 Monate im Dienst am Hamburgischen Museum für Völkerkunde besonders intensiv mit dem Nomadismus in Asien beschäftigt, nicht bar einer romantischen Verklärung des scheinbar so freien Lebens in Zelten inmitten der Weiten des Weidelandes, umgeben von großen Viehherden. Deshalb fuhr ich schon vor Beginn meines Stipendiums mit den Ersparnissen meiner bescheidenen Volontärstelle nach Süd-Anatolien, in der Hoffnung, dort erste Verbindungen zu den Yörük zu bekommen, obwohl die türkische Regierung damals offiziell leugnete, daß es überhaupt noch Nomadismus in der Türkei gab, da dieser zu ihrem Image eines modernen Staates nicht zu passen schien. Erst als ich im Sommer 1957 auf dem Bildungsministerium einen Besuch machte und den Beamten von meinem Leben bei den Nomaden erzählte, ließen sie sich von meiner Begeisterung so sehr anstecken, daß sie mein Stipendium von sich aus um drei Monate verlängerten.

Nach einem tief enttäuschenden ersten Versuch, über einen deutschen Professor Verbindungen zu den Nomaden zu bekommen, halfen mir dessen türkische Schüler, die inzwischen schon selbst zu Professoren herangereift waren, Halet Çambel und Bahadır Alkım. Sie führten die Grabungen auf dem Karatepe durch, einer spät-hethitischen Residenz, und warfen mich nicht etwa wieder hinaus, als ich voller Selbstzweifel nach einer 25 km-Fahrt im Jeep durch die herrliche Gebirgslandschaft an einem Sonntagnachmittag bei ihnen auftauchte, sondern nahmen mich in die 7-köpfige Grabungs-Equipe auf, räumten mir ein Feldbett in einem der kleinen weißen Zelte ein und teilten entsprechend den Regeln der türkischen Gastfreundschaft von dem bescheidenen Essen, das ihnen hier zur Verfügung stand auch mir einen Anteil zu. Ich meinerseits konnte sie dadurch etwas entlasten,

Frau Ulla Johansen beim Führen eines bepackten Dromedars auf der Wanderung zwischen Winter- und Sommerweidegebiet. Traditionellerweise leitet ein unverheiratetes, geschmücktes Mädchen den Karawanenzug auf die *yayla*.
Provinz Adana 1957

S. 29: Ein Neugeborenes wird, wie in der Türkei allgemein üblich, unter fließendem Wasser gewaschen. Die Schwestern und Cousinen helfen mit Begeisterung mit.
Provinz Adana 1957 (U.J.)

S. 30: Die gelockerte, leicht vorgezwirnte Wolle (*burma*) wird in ein Knäuel gewickelt, das sich über das Handgelenk streifen läßt. Daraus werden feine Bündel der Haare herausgezupft und durch die Drehung der herabhängenden Spindel versponnen. Diese Art des Spinnens ist nicht an einen Arbeitsort gebunden, wie es in Westeuropa Tradition hatte, sondern erlaubt der Arbeitenden volle Beweglichkeit.
Provinz Adana 1957 (U.J.)

daß ich anspruchslose Aufgaben auf der Grabung übernahm und in meinem damals recht holprigen Türkisch Schule hielt.

Halet und Bahadır fühlten sich verpflichtet, während der 4-5 jährlichen Grabungsmonate die Kinder des nahegelegenen Dorfes, aus dem auch ihre Arbeiter kamen, täglich drei Stunden zu unterrichten, denn es gab zu jener Zeit in den entlegenen kleinen Dörfern Südost-Anatoliens noch keine Schulen. Ebenso führten sie eine gesundheitliche Betreuung der Dorfbewohner durch. Viele Bauern kamen deshalb auch aus dem weiteren Umkreis auf die Grabung. Obwohl sie eine nur knapp vierzigjährige und gut aussehende Frau war, wurde Halet von den Bauern allgemein respektiert. Daß sie nie in zweideutige Situationen kam, lag an ihrem Auftreten: Sie trug bequeme Hosen und schlichte, hochgeschlossene Blusen, die ihre Oberarme voll bedeckten, dazu eine männlich wirkende Schirmmütze über dem kurzen Haarschnitt. Sie sagte den Bauern stets geradeheraus und unprätentiös, was sie meinte und beabsichtigte. Ich habe in der Folgezeit Halet kopiert und ebenfalls — im Gegensatz zu dem, was mir vorher über die männlichen Türken prophezeit worden war — auf dem Lande nie auch nur Anzüglichkeiten hören müssen.

Durch ihr gutes Verhältnis zu den Bauern, gelang es den beiden auch, einen Mann aus dem Dorf, Cin Hasan genannt, für mich zu engagieren, damit er mit mir in die umliegenden Herbstlager der Nomaden ritt, um mich hier vorzustellen und mir die Möglichkeit zu geben, eine für meine Forschungen geeignete Gruppe zu finden, die mich aufzunehmen bereit wäre. Cin Hasan trug seinen Namen, weil er so klug wie ein *cin* (ein Dämon) war. Er hatte in Auseinandersetzungen um Besitz und Ehre schon drei Männer getötet und entsprechend längere Zeit im Gefängnis gesessen. Dies hatte ihm weit und breit Respekt verschafft, so daß ich mich nicht nur in seiner Gesellschaft vollkommen sicher fühlen konnte, sondern auch davon profitierte, daß sein Wort hohe Geltung besaß. Er kannte viele nomadische Großfamilien, weil er mit ihnen vorurteilsfrei Geschäfte machte, während die anderen Bauern des Dorfes sich vor ihren damals noch selbstbewußten und schießfreudigen Männern fürchteten und sie auch wegen Flurschäden im Zusammenhang mit ihren Wanderungen verabscheuten. Cin Hasan war es auch, der mir die Verwandtschaftsgruppe ('lineage') vorschlug, bei deren einer Großfamilie ich zunächst wenige Tage lebte, um sie dann um Aufnahme vom nächsten Frühling bis Herbst zu bitten.

Ihr weit über 60jähriger Patriarch İsa Ağa, der dies zu entscheiden hatte, war gerade dabei, neben dem Zelt einen Kamelsattel zu flicken, als ich mich traute, an ihn heranzutreten und ihm mein Anliegen vorzutragen. Er antwortete darauf zunächst überhaupt nicht, sondern sah mich nur aus seinen vom Alter schon hell gewordenen Augen kurz an und brummelte etwas Unverständliches, das offensichtlich seinen Unwillen ausdrückte. Da es mir aber auf der Seele brannte, blieb ich einfach neben ihm stehen und wartete. İsa Ağa war zu

sensibel, um sich diesem Druck zu entziehen, und so antwortete er nach einer Weile: "Was willst Du denn bei uns? Wir werden nach neun Monaten geboren wie alle Menschen, leben dann und sterben wieder eines Tages. Wir essen auch kein Weißbrot und *helva* (eine türkische Süßigkeit), wovon sollen wir dich denn ernähren?" Ich erklärte, daß meine Lieblingsspeise ebenso wie die seine Yoghurt sei, an dem es im Sommer doch wohl nicht mangele, und daß ich ein Bild des Lebens der Nomaden durch Fotos und Texte der Nachwelt erhalten wolle, denn es würden ja nun immer mehr Großfamilien seßhaft. Vielleicht würden sogar seine eigenen Enkel nicht mehr wissen, wie man richtig mit Kamelen umgehen muß. Damit hatte ich ihn überzeugt, denn er war ein Kamel-Spezialist, an den sich auch Männer von weither wandten, wenn sie Probleme mit diesen Tieren hatten.

Wie recht ich mit meiner Vermutung haben sollte, daß seine eigenen Enkel schon nicht mehr mit Kamelen umgehen könnten, wußten wir beide damals nicht. So nahm mich İsa Ağa denn, nachdem er sich bei unserer gemeinsamen Rückkehr auf die Grabung erkundigt hatte, ob ich als 29jährige — in seinen Augen freilich viel jünger Wirkende — auch Jungfrau sei, doch als *emanet* — als 'anvertrautes' und damit auf seine Ehre zu verteidigendes 'Gut' — von der allseits verehrten Halet an. Mir hat diese klare Aussprache am Anfang und das gemeinsame Einverständnis über meine Aufgabe, die von fast allen Nomaden unterstützt wurde, sehr geholfen, denn ich durfte nicht nur von vornherein so viele Aufnahmen machen, wie ich wollte, ohne daß sich die Fotografierten in Pose setzten, sondern es wurde mir auch alles, wonach ich fragte, geduldig erklärt. Oft opferten meine jeweiligen Gastgeber viele Stunden, um mir technische Vorgänge oder ihre Beziehungen untereinander zu erklären. Abends am Feuer erzählten sie mir aus ihrem Leben, und ich war bemüht, mich durch Geschichten aus meiner Familie zu revanchieren. Meinen Aufenthalt bei ihnen bezahlen durfte ich nicht, nicht nur, weil sie bald heraus hatten, daß ich ärmer war als sie selbst, sondern weil es bei ihnen Ehrensache ist, einen Gast kostenlos zu bewirten. Allerdings habe ich später mit gekauften Naturalien wie Tee und Zucker, Rosinen oder Traubensirup (*pekmez*) zum Haushalt beigetragen und ihnen am Ende auch ein paar Tiere gekauft, ohne damit freilich ein wirklich entsprechendes Gegengeschenk machen zu können.

Was ich als mein Forschungsziel erklärt hatte, entsprach durchaus meinen Absichten, denn es gab zu der Zeit nur zwei türkische, im Westen unbekannte Bücher: die Reiseberichte aus den endzwanziger und dreißiger Jahren von Ali Rıza Yalgın und eine vorwiegend anthropologische Studie von Kemal Güngör, so daß eine Stammesmonographie das Gegebene war. Entsprechend meiner musealen Ausbildung lag der Schwerpunkt meines Interesses damals noch auf der sog. materiellen Kultur, Wirtschaftstechniken, religiöse Vorstellungen außerhalb des theologisch fundierten Islam und Kulturwandel, die ich minutiös zu dokumentieren versuchte. Erst bei meinen späteren

Dromedarsattel aus Filz, über den die Lasten gehängt werden. Er ist mit Reet ausgestopft und wird durch zwei hölzerne Bügel in Form gehalten, an denen auch besonders schwere Gegenstände befestigt werden können. Bei Zusammenstellung einer Karawane wird am hinten gelegenen Knauf die Leine für das folgende Dromedar befestigt. Nur das auch nach Beladen des Dromedars noch sichtbare vordere Band ist ornamentiert.
Stamm der Karaevli, Provinz Adana 1956 (U.J.)

S. 32: Junge Frau der Tekeli mit traditioneller Kopfbedeckung aus mehreren übereinandergewickelten Seidentüchern, Silber-, Gold- und Glasschmuck sowie einem Baumwollkopftuch.
Provinz Maraş 1964 (U.J.)

S. 31: Bevor mit einer Handkurbel betriebene Zentrifugen in den 70er Jahren allgemeine Verbreitung fanden, wurde in einem Ziegenbalg durch Schlagen mit einem Quirl Butter von der Buttermilch getrennt.
Stamm der Karaevli, Provinz Adana 1957 (U.J.)

Aufenthalten 1964, 1970, 1983 und 1989 habe ich mich intensiver auch mit der sozialen Organisation befaßt und meinen Forschungen Fragestellungen der kognitiven Ethnologie zugrunde gelegt. Dabei habe ich auch das Leben auf den Winterweiden in der Gegend von Kozan kennengelernt.

Die Nomaden nennen sich im Antitaurus nicht Yörük, sondern Aydınlı, weil ihre Vorfahren am Anfang des Jahrhunderts aus der Gegend von Aydın im westlicheren Anatolien hierher gezogen sind, wo weite Ländereien nicht mehr armenisch besiedelt und damit frei geworden waren. Auch die lineage, mit der ich Ende März 1957 in der Nähe des Karatepe zusammentraf und weiter über Andırın etwa 150 km bergauf zog, hatte sich erst Anfang der dreißiger Jahre mit einer Gruppe aus dem Stamm der Honamlı zusammengetan, um sich als Siedler in einem knapp 2000 m über dem Meeresspiegel gelegenen Hochtal bei der Regierung zu melden. Sie hatte sich aber noch nicht

Dromedare der Karaevli beim Tränken. Auf das Wasser ist eine dünne Schicht eines Mehl-Salz-Gemisches gestreut, wodurch sie veranlaßt werden, mehr zu trinken, denn sie haben im Hochsommer Salzbedarf. Das Tier in der Mitte ist ein Dromedar-Trampeltier-Hybride. Im Hochsommer löst sich die überschüssige Wolle dieser Tiere und kann zur Verarbeitung durch die Nomadinnen gerupft werden.
Provinz Adana 1964 (U.J.)

zur Seßhaftigkeit entschlossen, sondern benutzte es nun als Sommerweide (*yayla*). Als ich diese Aydınlı 1964 wieder besuchte, bebauten sie aber den größten Teil des fruchtbaren Talbodens mit Weizen.

Mit meinem Aufenthalt bei ihnen, mutete ich İsa und den Seinen viel zu. Auf der einen Seite erschien es ihnen zwingend, mich an meinen Vater bzw. Bruder, der mich aus der Türkei im November 1957 abholte, als Jungfrau wieder abzuliefern, damit es bei einer späteren Verheiratung nicht schmachvoll zuginge. Andererseits mußte ich, wollte ich meine Forschungen auf eine breitere Basis stellen, nach den ersten Wochen auch andere lineages auf derselben *yayla* kennenlernen, das heißt mich nicht nur in der Gruppe der fünf Zelte von İsas lineage, die in Sichtweite von einander lagen, bewegen. Nach einigen Auseinandersetzungen, die ich ängstlich, mir ihre Gastfreundschaft zu erhalten, durchlebte, setzte sich bei ihnen die Erkenntnis durch, daß ich mit den Mädchen der Aydınlı nicht zu vergleichen war. Einerseits

Festlich geschmücktes Kamel. Über die Last ist eine in traditioneller Ornamentik gewebte Decke (*yük perdesi*) mit der rechten Seite nach oben gebreitet, während für gewöhnlich die linke Seite nach oben gelegt wird. Über die Lastsäcke gebreitet ist sie auch ein wichtiges dekoratives Element im Gästeraum des Zeltes. Zwischen Sattel und Zaum des Kamels ist ein Fransenbehang mit blauen Perlen gegen den bösen Blick angebracht.
Stamm der Hayta, Provinz Adana 1956 (U.J.)

Mit dem Dechsel, einem Universalwerkzeug der Nomaden zur Holzbearbeitung, wird ein Spulrad zum Aufwickeln von Wollfäden hergestellt.
Stamm der Karaevli, Provinz Adana 1957 (U.J.)

S. 37: Geräte der Yörük zur Kaffeezubereitung: Röstpfanne mit Topflappen aus Filz, Mörser und Stößel, verzierte Holzdose, Holzbrett zum Abkühlen der gerösteten Kaffeebohnen sowie Stieltöpfchen zum Aufkochen des Mokkas.
Sammlung Johansen des Hamburgischen Museums für Völkerkunde

Der Radkranz des Spulrads wird durch einen in der Mitte gespaltenen Eibenast hergestellt (U.J.)

verstand ich weder, ordentlich Ziegen zu melken noch zu spinnen oder zu weben, andererseits konnte ich nicht nur fotografieren, Spritzen geben und andere städtische Therapien anwenden, sondern auch die arabische Schrift benutzen und hatte einen arabisch-deutschen Koran mit, in dem ich mit großer Geschwindigkeit las. Deshalb wurde schließlich eine Ausnahme gemacht, zumal ich ja keinerlei Zweideutigkeiten provozierte, dergestalt, daß ich mich in gutem Einvernehmen mit ihnen freier bewegen konnte und sie mir bei den Reisen, die sich gegen Herbst auch auf mehrere andere Sommerweiden bis in die Gegenden von Kayseri und Maraş, im eigentlichen Taurus sogar bis Silifke und Çamardı, erstreckten, den unverheirateten 19jährigen Sohn der Familie zur Verteidigung und als Anstandsperson mitgaben. Dieser aufgeschlossene junge Mann übernahm die Aufgabe gerne, lernte er dabei doch seine weitere Umgebung kennen und konnte in dieser Zeit, da er noch nicht für Frau und Kinder sorgen mußte, seinen Teil der Arbeit seinen alten Eltern zuschieben. Es herrschte überhaupt gegenüber Personen, die nicht eine der üblichen Rollen einnahmen, zu meinem Erstaunen eine größere Duldsamkeit als in Europa.

Mit dem Sammeln von Objekten für mein Museum begann ich erst in den letzten zwei Monaten, nachdem ich den Alltag der Aydınlı in ausreichendem Maße kennengelernt hatte. Wieder beriet ich meinen Plan, ein Zelt mit dem kompletten Hausstand einer Nomadenfamilie des Antitaurus zu Ausstellungszwecken aufzukaufen, zuerst in der lineage der Karaevli, in der ich mein Stammquartier hatte und danach auch mit allen anderen. Zunächst fanden sie es komisch, daß ein Haushalt wie der ihrige im Museum stehen und von den Deutschen besehen werden sollte, dann aber konnten sie doch davon überzeugt werden, daß bei dem damals schon raschen Tempo des Kulturwandels und der Tendenz zur Ansiedlung der Nomaden ein Dokument ihres Lebens übrigbleiben sollte. Vor allem mein *yoldaş* (= Weggenosse) war Feuer und Flamme. Er überprüfte die Vollständigkeit meiner Liste von allen Haushaltsgegenständen und fertigte mir gegen das Geschenk meiner zweiten Armbanduhr aus Deutschland die Holzgegenstände an, die käuflich nicht zu erwerben waren: einige Löffel, den Tassenbehälter, den Käfig für ein Feldhuhn (*keklik*) als Lockvogel, das Spulrad und das Webschwert, welche die Frauen der lineage auf meine Bitte hin zunächst für einige Wochen in Gebrauch nahmen.

Das Zelt durfte aufgrund von Transportproblemen und der meist auftretenden Beschränkung musealen Raumes nicht groß sein. Es sollte im Umfang demjenigen einer jungen Familie mit wenigen Kindern entsprechen. Ein solches Zelt stand aber nirgends zum Verkauf, deshalb mußte das Weben des Daches rechtzeitig vor meiner Abreise beginnen; nur die Seitenwände konnte ich gebraucht erwerben. Auch ein gemusterter Unterlagen-Filz wurde für das schöne Zelt, das in Deutschland die Aydınlı vorstellen sollte, eigens angefertigt. Dadurch sprach sich schnell herum, daß ich Objekte kaufen wollte, und es wurde mir nun manches angeboten. Nicht alles davon war noch brauch-

bar. Andererseits erlag ich öfter der Versuchung des Museumsfachmanns, mich um besonders schöne Stücke zu bemühen.

Ich bin froh, daß ich nicht früher mit dem Ankauf der Sammlung angefangen, sondern auf den Sommerweiden, auf die ich geritten war, zunächst nur wenige Webereien mitgebracht hatte, für die ihre Besitzerinnen gerne nur käuflich zu erwerbende Ware wie Seife, bunte Kleiderstoffe, Wollfarben oder das verzinnte Kupfergeschirr des täglichen Gebrauchs haben wollten. Sie wurden in den anderen Zelten von den Frauen sogleich fachkundig begutachtet und im Preis taxiert. Meist schalten sie, daß ich die Dinge überzahlt hätte. Was sie mir aber selbst zum Verkauf anboten, war dann noch teurer, und ich fühlte mich öfter düpiert, was mein bisher gutes Verhältnis zu einigen der Aydınlı trübte. Im Nachhinein erkenne ich, daß es fast nur an mir lag. Zwar war ich aus meinen Museumsjahren an Handel gewöhnt, aber ich sah nicht in dem Maße wie die Aydınlı eine amüsante Unterhal-

İsa Ağa legt das Muster eines Filzteppichs (*ala keçe*) in Streifen dunkler gelockerter Schafwolle auf einem gewebten Bodenbelag aus Ziegenhaar aus.
Stamm der Karaevli, Provinz Adana 1957 (U.J.)

tung auch unter Nahestehenden darin, bei der es darauf ankommt, durch langes Feilschen einen möglichst günstigen Preis zu erzielen und den sich stets einstellenden Zuhörern zu zeigen, daß man die besseren Nerven hat. Zwar hatte ich dies schon öfter beobachtet, aber wenn diejenigen, die ich mittlerweile für meine Freunde hielt, mich selbst im Handel übers Ohr zu hauen versuchten, fühlte ich mich doch gekränkt und gab auf. Ich nehme an, sie haben mich dabei oft als einen dümmlichen Spielverderber erlebt. Hier, wie auch in einigen anderen Situationen, konnte ich die Bindung an Normen meiner eigenen Kultur nicht ablegen.

Andererseits ist mir auch so manches geschenkt worden. So machte mir İsa eigenhändig die Schnürsandalen (*çarık*), die ich anfangs trug und die Gelächter auslösten, wo immer ich mich damit zeigte, weil sie auch 1957 schon als gänzlich unmodern galten. Er schenkte mir auch sein Schlagfeuerzeug und lehrte mich, damit umzugehen, obwohl sich das für Frauen nicht gehört. Einige Objekte waren in den Zelten, in die ich kam, nicht verkäuflich, wie etwa das verzinnte Kupfergeschirr oder der Silberschmuck der Frauen, den die Aydınlı selbst auf den Basaren oder von ambulanten Händlern kaufen. Ich habe die gleichen Objekte auf dem Basar in Kayseri gebraucht gekauft. Auch den Frauenmantel (*üç etekli entari*), der noch kurz vor meiner Zeit üblich gewesen war, konnte ich nur auf dem Basar erstehen ebenso wie den quergestreiften Lastsack, der eigentlich in das Gebiet westlich der kilikischen Pforte gehört.

Auch Amulette wurden nicht abgegeben, weil niemand auf den Schutz vor Unglück, den sie bieten sollten, verzichten wollte. Damals waren Amulette lächerlicherweise von der Regierung verboten worden. Deshalb wurden sie mir anfangs nicht einmal gezeigt. Erst als ich begann, selbst ein in der nächsten Kleinstadt erworbenes Amulett zu tragen und erklärte, welche Wirksamkeiten ihm zuzuschreiben seien, holten die anderen ihre Amulette heraus und lobten deren Fähigkeiten, die mein Amulett noch übertrumpften. Ich hatte also ihre Amulette gesehen und bemühte mich danach, einige möglichst gleiche käuflich zu erwerben.

Als alles für den Versand nach Hamburg verpackt und mein Abschied gekommen war, schenkten mir alle Erwachsenen aus der lineage noch Erinnerungsstücke, die zu einem Teil nun auch zur Sammlung gehören. Bei den späteren Reisen habe ich nicht mehr eingekauft, es sind mir aber einige Stücke zusätzlich geschenkt worden, insbesondere die großen Kamel-Seitenglocken, die von einem seßhaft und reich gewordenen Aydınlı aus Kozan stammen, der 1983 selbst eine Sammlung zur Kultur der Taurus-Nomaden angelegt hatte.

Ulla Johansen

Die gelockerte weiße Schafwolle wird in gleichmäßig dicker Schicht über das ausgelegte Muster gebreitet. Dabei darf kein Wind das leichte Material erreichen, weil es sonst schnell verstreut würde. Es ginge zwar nicht verloren, würde aber durch Sand und Pflanzenteile verschmutzt. Deshalb ist ein Windschutz neben dem Arbeitsplatz des älteren Ehepaars errichtet worden. Im danebenstehenden Kessel ist warmes Wasser, um die Wolle zum Verfilzen anzufeuchten.
Stamm der Karaevli, Provinz Adana 1957 (U.J.)

Nachdem die Wolle in die Ziegenhaardecke eingewickelt und von drei bis vier Personen stundenlang mit den Füßen tretend hin- und hergerollt worden ist, werden die Ränder, an denen sich der Filzteppich am leichtesten auflösen kann, noch einmal mit warmem Wasser befeuchtet und mit Händen und Unterarmen nachgewalkt.
Stamm der Karaevli, Provinz Adana 1957 (U.J.)

Frau der Sarıkeçili, die von den Hayta stammt. Die beiden vordersten ihrer neun Zöpfe sind ihr abgeschnitten worden, so daß das kurze, durch Klammern gehaltene Haar (*zülüf*) das Gesicht umspielt. Daran und an der weißen Farbe des Kopftuchs ist zu erkennen, daß es sich um eine jungverheiratete Frau handelt. An der Art, wie die Kopftücher über den Fes gewickelt sind, erkannten die Nomaden 1957 noch, zu welchem Stamm die Frau gehörte (s. Abb. S. 83).
Provinz Kayseri 1957 (U.J.)

S. 41: Mutter mit Tochter am Mittelpfosten ihres Zeltes.
Provinz Denizli 1993

Was ist Nomadismus?

Definition, Geschichte, Geographie

Der Begriff 'Nomadismus' stammt aus dem Altgriechischen und bezeichnet die Wanderweidewirtschaft von Familien- oder Stammesgruppen mit beweglichen Behausungen. Verwandte Formen in Deutschland sind die Almwirtschaft und die Wanderschäferei. Die nomadische Herdenhaltung existiert vermutlich schon seit 9000 Jahren im Vorderen Orient. Bei der Entstehung der ersten Großstaaten in Mesopotamien, Ägypten, Indien und China spielten Nomadenvölker und -heere häufig eine aktive Rolle. Sie gründeten auch eigene Imperien wie das seldschukische, mongolische oder das osmanische Reich. Der Nomadismus wird mit verschiedenen Herdentieren praktiziert, v.a. mit Ziegen, Schafen, Rindern, Kamelen und Rentieren. Er erstreckt sich von der westlichen Sahara bis zur Mandschurei, von Südafrika bis zur Arktis.

Wortursprung und Begriffsgeschichte

Aus der altgriechischen Wortwurzel 'némo' und den Bedeutungen 'weiden, grasen lassen' entwickelte sich im Griechischen und Lateinischen der Begriff 'nómas' — 'Viehherden weidend und mit ihnen herumziehend'. Im Römischen Reich wurden Wander- und Hirtenvölker als so bedeutend eingestuft, daß z.B. die 46 v.Chr. eroberte nordafrikanische Provinz Numidia nach ihnen benannt wurde. Im 16. Jahrhundert gelangte die Wortgruppe 'nomad...' über das Lateinische ins Französische, Englische und Deutsche. Allerdings wurde sie nicht mehr nur für Viehzüchtergruppen, sondern für verschiedene Arten von *Wander*völkern angewandt. Bis heute sorgt die Wortverwendung im Sinne von 'Nichtseßhaftigkeit, Heimatlosigkeit' für begriffliche Verwirrung, da sie die enge Verbindung zur Tierhaltung außer acht läßt.

Definition

Nomadische Wirtschafts- und Lebensformen sind gekennzeichnet durch die Gemeinschaft von Familiengruppen. Ihren Lebensunterhalt bestreiten sie vorwiegend aus der Haltung von Viehherden, deren Produkte (v.a. Milch, Fleisch, Leder, Wolle) sie selbst konsumieren, verarbeiten und verkaufen.

Mit ihren Tieren führen sie jahreszeitliche Wanderungen zu besseren, oft weit entfernt gelegenen Weidegebieten durch. In Anpassung an mehrmals pro Jahr stattfindende Lagerwechsel wohnen Nomadengrup-

S. 44: Junge Yörük-Frau legt ihrem Pferd Fußfesseln an.
Provinz Denizli 1993

S. 43: Zwei Generationen vor Schwarzem Zelt auf einer *yayla* (Sommeralm).
Provinz Afyonkarahisar 1993

S. 42: Noch dösen die Schafe wegen der Tageshitze. Bei Sonnenuntergang werden sie dann auf die nächtliche Weide geführt.
Provinz Afyonkarahisar 1993

Yörük-Frau beim Melken inmitten der Herde aus Schafen und Ziegen.
Provinz Afyonkarahisar 1993

pen einen großen Teil des Jahres in beweglichen Behausungen (Zelte, Jurten u.ä.).

Die große Vielfalt des Nomadismus hat in der Fachwelt zu verschiedenen Unterscheidungen geführt: 'Berg-' und 'Flachlandnomadismus', 'Großvieh-' und 'Kleinviehnomadismus' mit Kamelen, Dromedaren, Pferden, Rindern, Yaks, Rentieren bzw. Ziegen und Schafen oder nach den zurückgelegten Strecken 'klein-' und 'großwandernder Nomadismus'. Die häufig geäußerte Vorstellung eines 'reinen', 'echten' oder 'Vollnomadismus' erweckt den falschen Eindruck einer vollständig auf der Tierhaltung beruhenden Lebensform. Tatsache ist, daß alle nomadischen Volksgruppen soziale und Handelsbeziehungen zu seßhaften, bäuerlichen Gruppen unterhalten und sich meist vorwiegend von Getreideprodukten ernähren. Etliche Stämme bestehen aus bäuerlichen wie nomadischen Teilen und sehr viele Menschen leben entsprechend der Jahreszeit teilweise mit Herden in Zelten, teilweise bei ihren Feldern in festen Häusern ('Teilnomadismus', 'bäuerlicher Nomadismus').

Geschichte

Die Zähmung von Wildziegen, -schafen und -rindern in der Jungsteinzeit (Neolithikum) war die Voraussetzung für das Entstehen des Nomadismus. Sie erfolgte erstmals im 7. Jahrtausend v.Chr. im Gebiet des 'Fruchtbaren Halbmondes' (Palästina, Nordmesopotamien, Südostanatolien, Südiran) und geschah fast zeitgleich mit dem Anbau von Wildgetreide. Da mobile Viehzüchtergruppen fast keine archäologisch faßbaren Spuren hinterlassen, ist ein Nachweis für den Anfang des Nomadismus kaum zu erbringen. Es ist aber zu vermuten, daß einige Verbände von Jägern und Sammlerinnen ihre bewegliche, den klimatischen Verhältnissen angepaßte Lebensweise mit dem neuen Wissen der Herdentierhaltung verbanden. Jedenfalls sind nomadische Stämme bereits in den ältesten schriftlichen Quellen erwähnt. Die geschichtliche Entwicklung des Nomadentums in Anatolien, dem asiatischen Teil der heutigen Türkei, findet sich im Kapitel 'Uralte Kulturen Anatoliens' nachgezeichnet. Auch in anderen Weltregionen machten Nomadenvölker auf sich aufmerksam und fanden Eingang in chinesische, indische, mesopotamische und ägyptische Aufzeichnungen.

Verbreitung des Nomadismus

Die Kerngebiete nomadischer Lebensweisen befinden sich innerhalb und am Rande des sogenannten Trockengürtels der Alten Welt. Dieser erstreckt sich von der Atlantikküste Nordafrikas (Marokko, Mauretanien) Richtung Osten entlang der Sahara, der Sahelzone und dem Mittelmeer südlich bis zum Horn von Afrika (Somalia, Äthiopien). Südöstlich der Landenge von Suez schließt sich die arabische Halbinsel an, nordöstlich Palästina und die syrisch-irakischen Steppen und

Wüsten. Dann setzt er sich am östlichen Rande des sogenannten Fruchtbaren Halbmonds fort, wo sich Zagros- und Elburs-Gebirge des Iran erheben. Der Trockengürtel der Alten Welt läuft südöstlich weiter über das Makran-Gebirge, das Hochland von Belutschistan (Iran, Pakistan) und findet jenseits des Indus-Tales sein Ende in der nordwestindischen Wüste Tharr.

Nordöstlich setzt er sich über das Hochland von Iran, die transkaspischen Wüsten, das Altai- und Changai-Gebirge sowie die Wüste Gobi bis zur westlichen Mandschurei fort.

Die südliche Grenze dieses zentralasiatisch-mongolischen Trockengebietes bilden von West nach Ost die Gebirgsketten des Hindukusch, Alai, Tien-Shan, Karakorum und das Hochland von Tibet mit den nördlichen Erhebungen der Altyn- und Nan-Shan-Gebirge.

Abseits dieses afro-asiatischen Trockengürtels finden sich nomadische Bevölkerungsgruppen in der subarktischen Zone Nordeurasiens

Schwarzes Zelt einer Familie vom Stamm der Tekeli, die auch Felder und ein Haus besitzen und nur in der Nähe ihres Dorfes ihr Lager aufschlagen. Provinz İzmir 1992

(Rentiernomadismus) und den südlich gelegenen Taiga-, Tundra- und Steppengebieten mit einem europäischen Zipfel nördlich des Schwarzen Meeres sowie in den Steppen und Flachländern Ost- und Südafrikas. Oft werden der Kleinviehnomadismus und der Bergnomadismus bei Verbreitungsangaben unterschätzt oder vernachlässigt. Sie finden sich außerhalb der Trockengebiete vor allem im marokkanisch-algerisch-tunesischen Hochland entlang der Mittelmeerküste, in ganz Anatolien, Armenien, Aserbeidschan, der Kaukasus-Region, dem kurdischen Siedlungsgebiet sowie im Tibetischen Hochland und am südlichen Himalayarand, z.B. in Nepal.

Wenn behauptet wird, die 'Neue Welt' habe keine Form des Nomadismus hervorgebracht, so stimmt das nur bedingt. In Nordamerika entstanden vor allem in den Prärien und Plains schon bald nach dem Auftauchen des Pferdes nomadische Lebensformen, die mit der Einzwängung in Reservate im 19. Jahrhundert weitgehend zerstört wurden.

Für Südamerika beschrieb Thurnwald das Volk der Goajiros, die vom Feldbau zum Nomadismus übergegangen seien. Für den andinen Raum gibt es archäologische Anzeichen für nomadische Wirtschaftsformen und es bleibt noch zu klären, inwieweit hier und da bei der Haltung von Lamas, Alpacas usw. Formen der Transhumanz und Almwirtschaft tatsächlich auch nomadische Züge angenommen haben. (Voraussetzung hierfür wären mobile Behausungen und die Familie als Wirtschaftseinheit.)

Der einzige Kontinent, in dem sich kein Nomadismus entwickelt hat, ist demnach Australien. Unbekannt ist er auch in den Regionen Ozeanien, Südost- und Ostasien, Zentralafrika, im äußersten Norden Amerikas sowie in großen Teilen Europas, wenn auch in einigen dieser Gebiete andere Formen der Wanderviehwirtschaft wie die Transhumanz oder Almwirtschaft vorkommen.

Wieviele Menschen auf der Erde nomadisch leben, läßt sich nur schwer abschätzen und die Angaben in der Literatur zeigen starke Schwankungen. Die Anzahl der Nomadenbevölkerung dürfte zwischen 8 und 40 Millionen liegen, je nachdem, ob teilnomadische Formen miteinbezogen werden.

Albert Kunze

Tagesrast der Schafherde im Schatten (*koyun yatağı*). Die Tiere werden zumindestens in den drei heißesten Monaten, auf niedriger gelegenen Sommerweiden auch länger, nachts nur mit kürzeren Unterbrechungen geweidet. Sie ruhen nach dem Tränken in der Mittagshitze. Insbesondere dabei bildet sich die Milch. Alle paar Stunden muß die Herde dem Sonnenstand entsprechend umgelegt werden.
Provinz Adana 1964 (U.J.)

Gebirgige Fakten

Umwelt und Wirtschaft Anatoliens

Nicht nur mit Blick auf die geschichtliche Entwicklung kann Anatolien als eine Brücke zwischen Ost und West bezeichnet werden. Auch geographisch, klimatisch und wirtschaftlich nimmt es eine Mittelstellung zwischen Zentralasien und dem Mittelmeergebiet ein und vereinigt charakteristische Züge beider Regionen in oft scharfer Polarität.

Entlang der 6400 Kilometer langen, von Schwarzem Meer, Ägäis und Mittelmeer umgrenzten Küstenlinie befinden sich einige niederschlags- und ertragsreiche Landstriche, die sich in manchen Ebenen und Flußtälern bis weit ins Landesinnere erstrecken. Sie besitzen ein mediterranes Klima mit heißen, trockenen Sommern und feuchten, milden Wintern.

In scharfem Kontrast zu den fruchtbaren Küsten- und Flußgebieten stehen die restlichen anatolischen Landschaften, in denen eher ein kontinentales Klima mit trockenen und heißen Sommern, oft mehrmonatiger Dürre, sowie schnee- und frostreichen Wintern vorherrscht. Die ausgedehnten zentralanatolischen Steppenregionen um den Tuz Gölü (Salzsee) erheben sich in östlicher Richtung von 800 auf 1200 Meter und werden an allen Seiten von Gebirgszügen begrenzt. Parallel zur nord- und südanatolischen Küste verlaufen die meist schroff ansteigenden, kaum durchbrochenen Ketten des Pontos bzw. Taurus mit 2500 bis 4000 Meter hohen Berggipfeln. Das senkrecht auf die Ägäisküste zulaufende westanatolische Gebirgsland mit Höhen unter 2500 Metern ist stärker gegliedert und von fruchtbaren Ebenen durchzogen. Das östliche Ende der inneranatolischen Steppe bilden der Antitaurus sowie der Innere und der Armenische bzw. Kurdische Taurus innerhalb des tief zertalten etwa 2000 Meter hohen ostanatolischen Hochlandes.

Die Berggipfel erreichen hier oft 3500 Meter und der Büyük Ağrı Dağı (Ararat) übersteigt sogar die 5000-Meter-Marke. Zwischen den Gebirgen Ostanatoliens und der Grenze zu Syrien und dem Irak befindet sich die letzte zu erwähnende anatolische Landschaft in Gestalt von nördlichen Ausläufern der Syrischen Steppe, welche sich in einer Breite von 50 Kilometern auf türkischem Territorium erstrekken.

Aus dem Dargelegten geht deutlich hervor, daß Anatolien ein stark vom Gebirge geprägtes Land ist. Vierzig Prozent seiner Fläche liegen über 1500 Meter. Die Obergrenze der Dauerbesiedlung weist starke Schwankungen zwischen 500 und 2500 Meter auf, woraus zu schließen ist, daß ein Großteil des Berglandes für den Feldbau ungeeignet ist.

Nach der abendlichen Tränke leitet der Yörük-Hirte seine Herde zur nächtlichen Weide. Im Hintergrund sind die Felder einer weit unten liegenden Ebene zu erkennen.
Provinz Afyonkarahisar 1993

Hinzu kommt, daß selbst weite Gebiete der Flachländer, insbesondere der Steppenregionen Zentral- und Südost-Anatoliens, aber auch mancher Küstenregionen, aufgrund des felsigen Untergrundes, der zu kargen Vegetation oder des zu geringen bzw. unregelmäßigen Niederschlags kaum ackerbaulich genutzt werden können.

Aus statistischen Angaben ergibt sich, daß nur etwas mehr als ein Drittel der Landesfläche bebaut wird, während mindestens ebensoviel als Weideland Verwendung findet. Verschiedene Statistiken machen deutlich, daß weit über die Hälfte Anatoliens weniger als 20 % Ackerboden und Obstgärten aufweist. In 11 ostanatolischen Provinzen fällt der Anteil sogar unter 10 %.

Die von der türkischen Regierung veröffentlichten Volkszählungsergebnisse zeigen entsprechende Werte der Bevölkerungsdichte, die z.B. in jenen 11 Provinzen 35 Einwohner pro km^2 nicht übersteigt (Westdeutschland: 222 E/km^2).

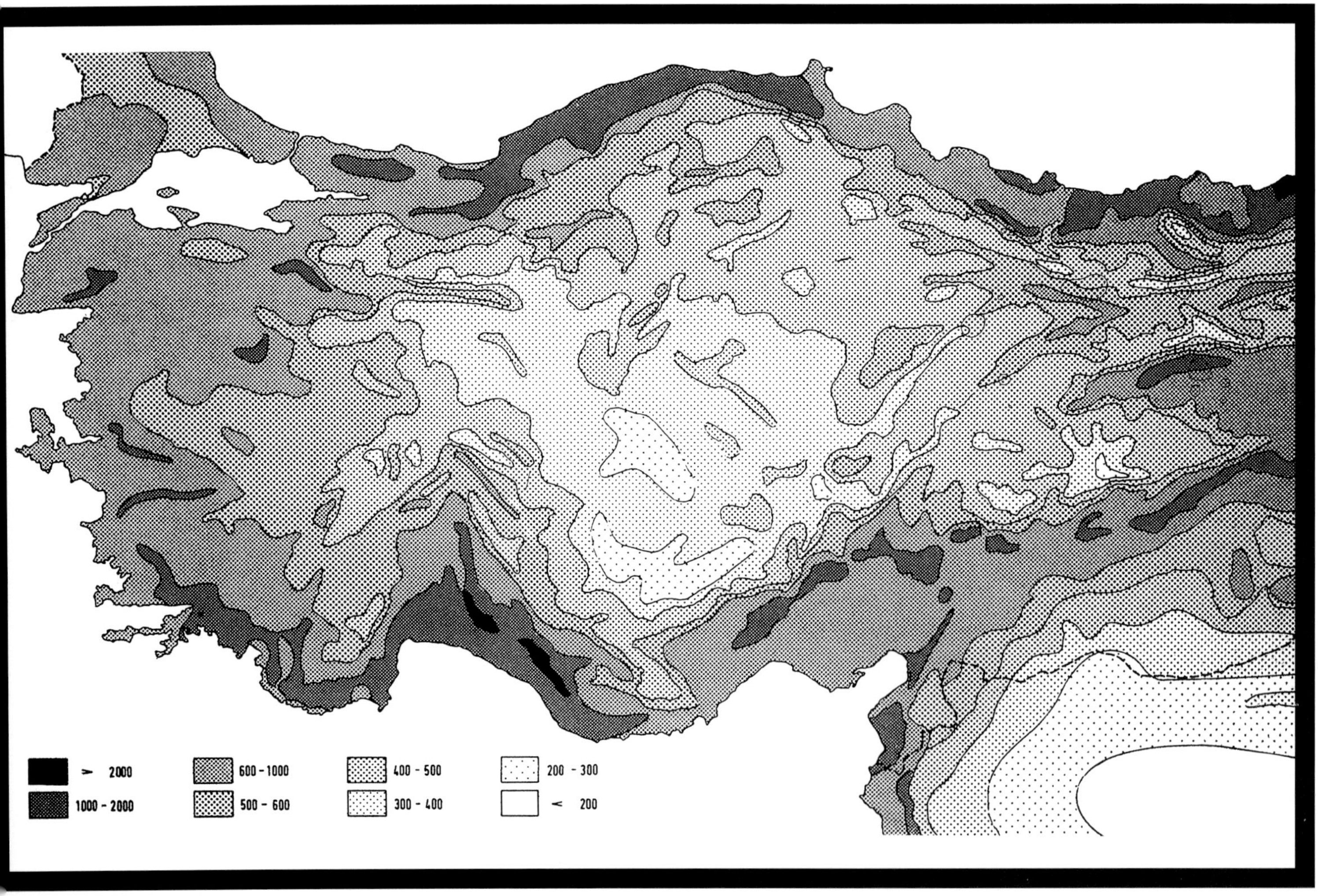

Karte des mittleren Jahresniederschlages. Es zeigt sich, daß im für den Yörük-Nomadismus bedeutsamen Taurus-Hochgebirge entlang der Mittelmeerküste Regen und Schnee zwischen 500 und 2000 mm pro Jahr niedergeht (im Vergleich: BRD ca. 750 mm/Jahr).

Nicht nur entlang der Gebirgszüge an der Süd- und Nordküste sowie in Ostanatolien finden sich leere Flächen, sondern auch in den zentral- und südostanatolischen Steppengebieten. Interessant im Zusammenhang dieser Darstellung sind neben diesen Steppen die nahezu unbewohnten Regionen an der Südwest- und Südküste, denn alle diese Tiefländer kommen für die nomadische Winterweide in Betracht. Ein Blick auf die Karte auf S. 54 zeigt, daß die Verbreitung des Dauernomadismus sich tatsächlich auf jene Teile Anatoliens beschränkt, in denen dünn besiedelte, tiefgelegene Gebiete mit milden Wintertemperaturen vorkommen. So erklärt sich das Fehlen dauernomadischer Lebensformen nahe dem für die Viehzucht sehr geeigneten Pontischen Gebirge hauptsächlich durch die große Bevölkerungsdichte entlang der fruchtbaren Schwarzmeerküste. Die geplante Aufforstung des ehemals baumreichen Anatoliens über den momentanen Anteil von etwa 30 % hinaus stellt der Zukunftsentwicklung des Dauernoma-

Karte der geschlossenen Schneedecke. Die dunkel schraffierten Flächen entsprechen in etwa den Höhenstufen von über 2000 Metern, die weder ackerbaulich noch forstwirtschaftlich genutzt werden können. Für die mobile Viehzüchterbevölkerung der Türkei stellt der Schnee ein wichtiges Feuchtigkeitsreservoir dar.

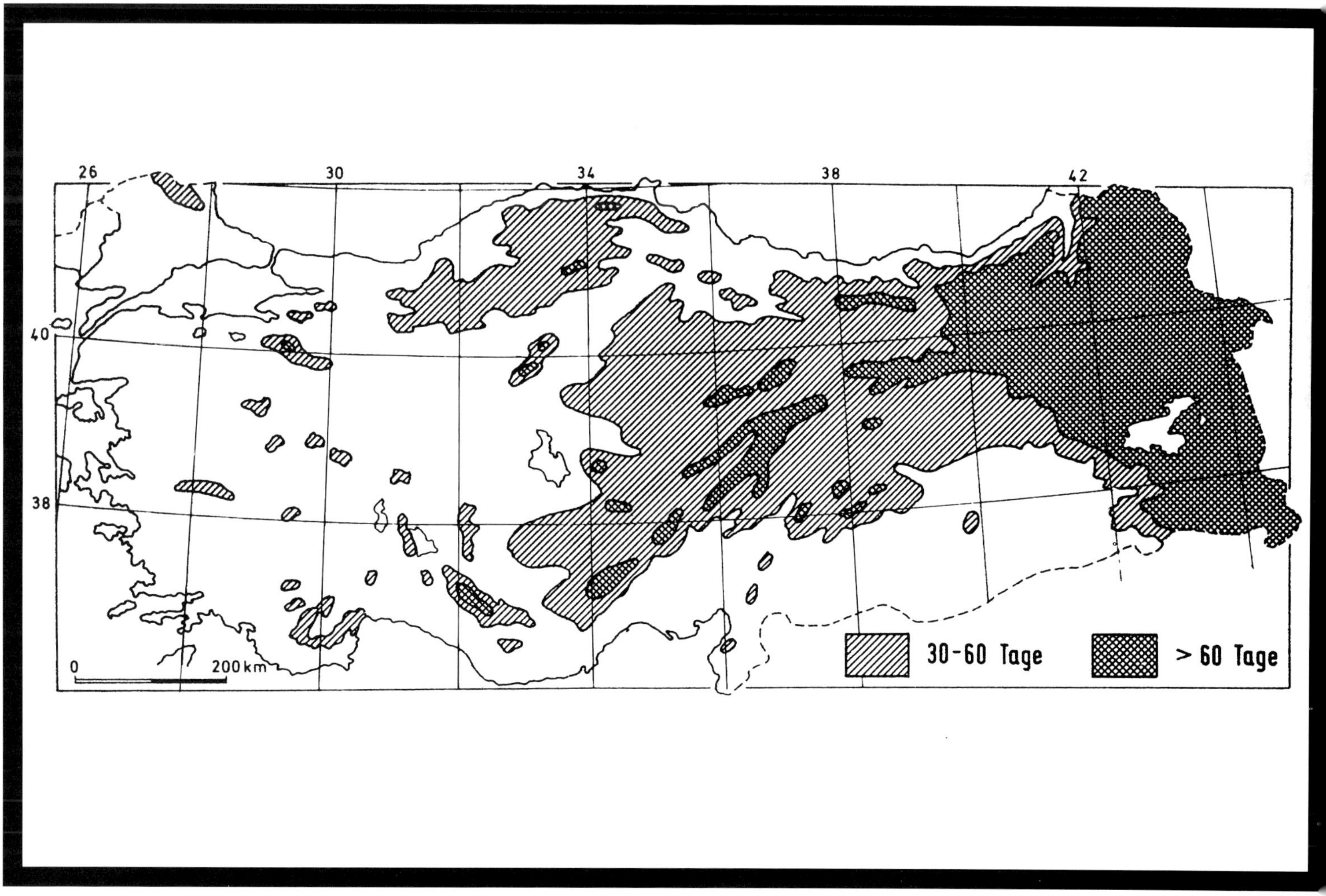

S. 53: Karte der mittleren Januar- und Juli-Temperaturen. Wichtig für die nomadische Wirtschaftsweise sind die frostfreien, winterwarmen Regionen entlang der Küste und in einzelnen Flußtälern.

Zur Begrüßung und Bewirtung seltener Gäste wird von den nomadischen Yörük bisweilen ein Hammel geschlachtet.
Provinz Afyonkarahisar 1993

dismus gewiß einige Hindernisse in den Weg. Solange allerdings noch genügend Winterweidemöglichkeiten in unbebauten oder nur vom Regenfeldbau (mit langer Brache) genutzten Tiefländern bestehen, bieten sich dem Nomadismus – zumindestens kulturgeographisch gesehen – weiterhin die notwendigen Lebensgrundlagen. Denn Anatolien verfügt über riesige Gebirgsregionen oberhalb der Baumgrenze von etwa 2000 Metern.

Doch spielt der Dauernomadismus eine wesentlich geringere Rolle im anatolischen Wirtschaftsleben als der weit verbreitete Teilnomadismus und andere Formen der Wanderweidewirtschaft wie die Almwirtschaft und die Transhumanz.

Der türkische Geograph Tunçdilek legt dar, daß mindestens die halbe Türkei aus *yaylas* (meist Bergweiden) bestehe und das 80% der Siedlungen eine *yayla* besäßen, wohin 25-40% der türkischen Bevölkerung allsommerlich zögen. In seinem interessanten Artikel über das für

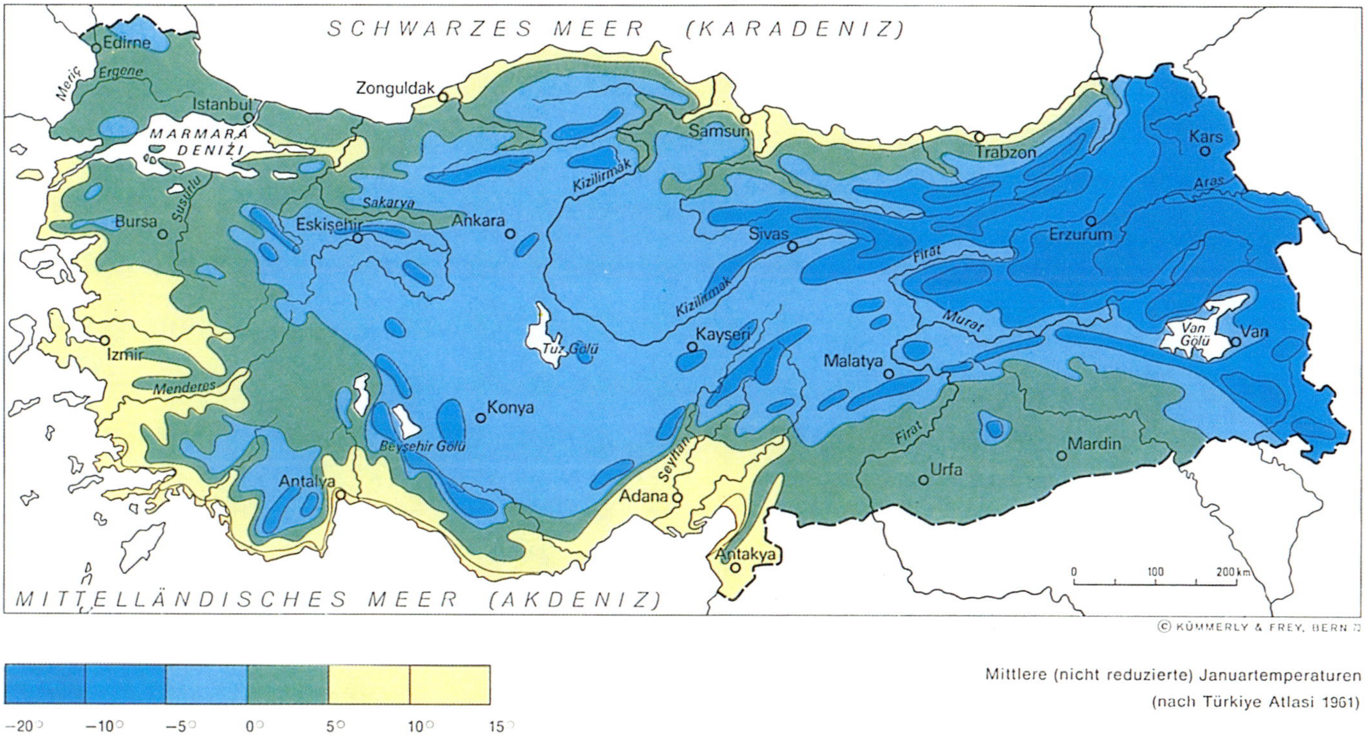

Mittlere (nicht reduzierte) Januartemperaturen
(nach Türkiye Atlasi 1961)

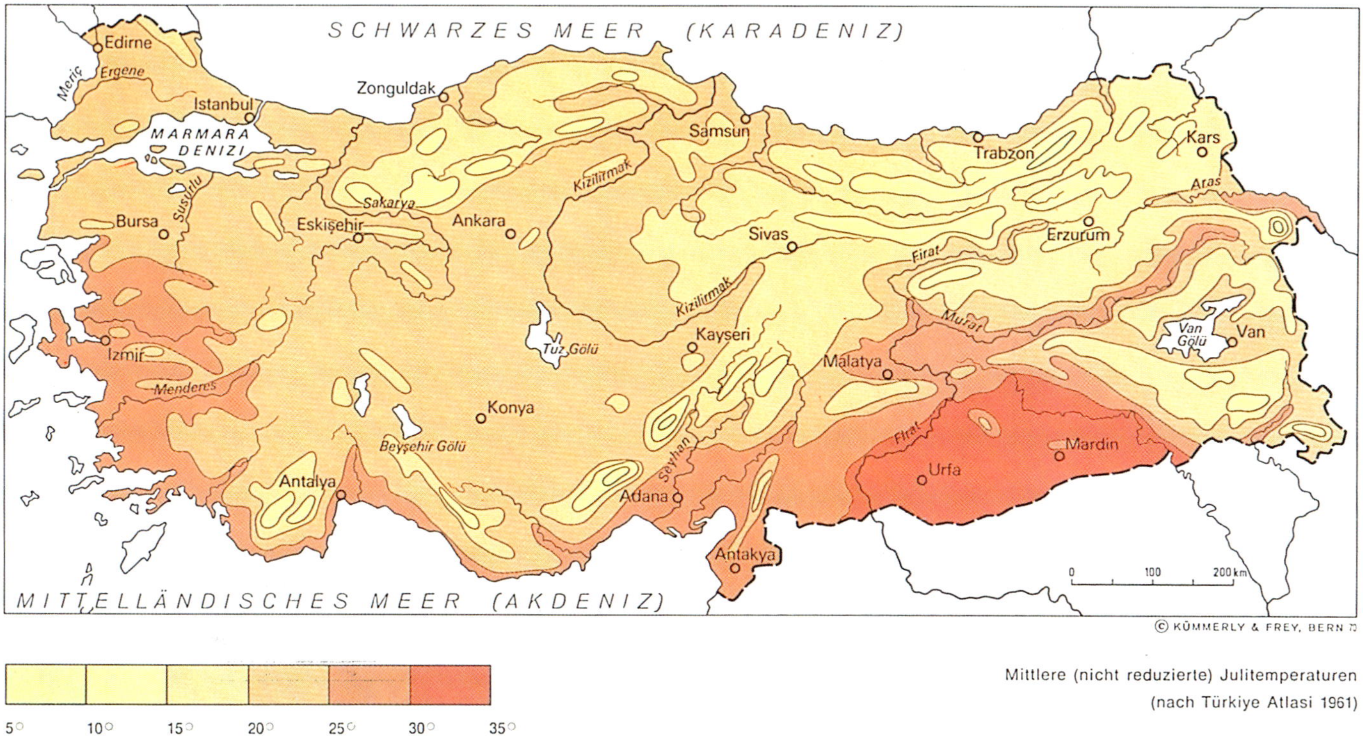

Mittlere (nicht reduzierte) Julitemperaturen
(nach Türkiye Atlasi 1961)

Vorderer Orient · Nomadismus und andere Formen der Wanderviehwirtschaft

Vorbemerkungen:
Die Karte stellt die Verhältnisse dar, wie sie vor dem Zerfall und z. T. sogar Erlöschen der traditionellen Systeme der Wanderviehwirtschaft durch moderne wirtschaftliche, soziale und politische Einflüsse bestanden. Diese Veränderungen fanden in den einzelnen Gebieten zu unterschiedlichen Zeiten statt. Daher liegt der Darstellung kein einheitlicher zeitlicher Stand zugrunde. Die dargestellte Situation galt z. B. in der Türkei bis etwa 1900, in Iran bis etwa 1930, in Belutschistan bis 1900, in Oman bis 1970, in den V.A.E. bis 1965, in Kuwait bis 1955 oder in Ägypten bis 1950. Davon können einzelne Wanderviehwirtschaft treibende Gruppen erheblich abweichen! Die Karte ist lückenhaft. Sie erfaßt nur die gesicherten Beispiele traditioneller Wanderviehwirtschaft.

Preliminary remarks:
The map depicts the existing conditions before the decay and partly even before the extinction of the traditional systems of pastoral migration by modern economic, social and political influences. These changes took place in different times in the individual areas. Therefore no unitary time conditions form the basis of this depiction. The depicted situation was valid in Turkey until around 1900, in Iran until around 1930, in Baluchistan until 1900, in Oman until 1970, in the U. A. E. until 1965, in Kuwait until 1955 or in Egypt until 1950. Individual groups of nomads may differ considerably from this. The map is incomplete. It includes only the definite examples of traditional pastoral migration systems.

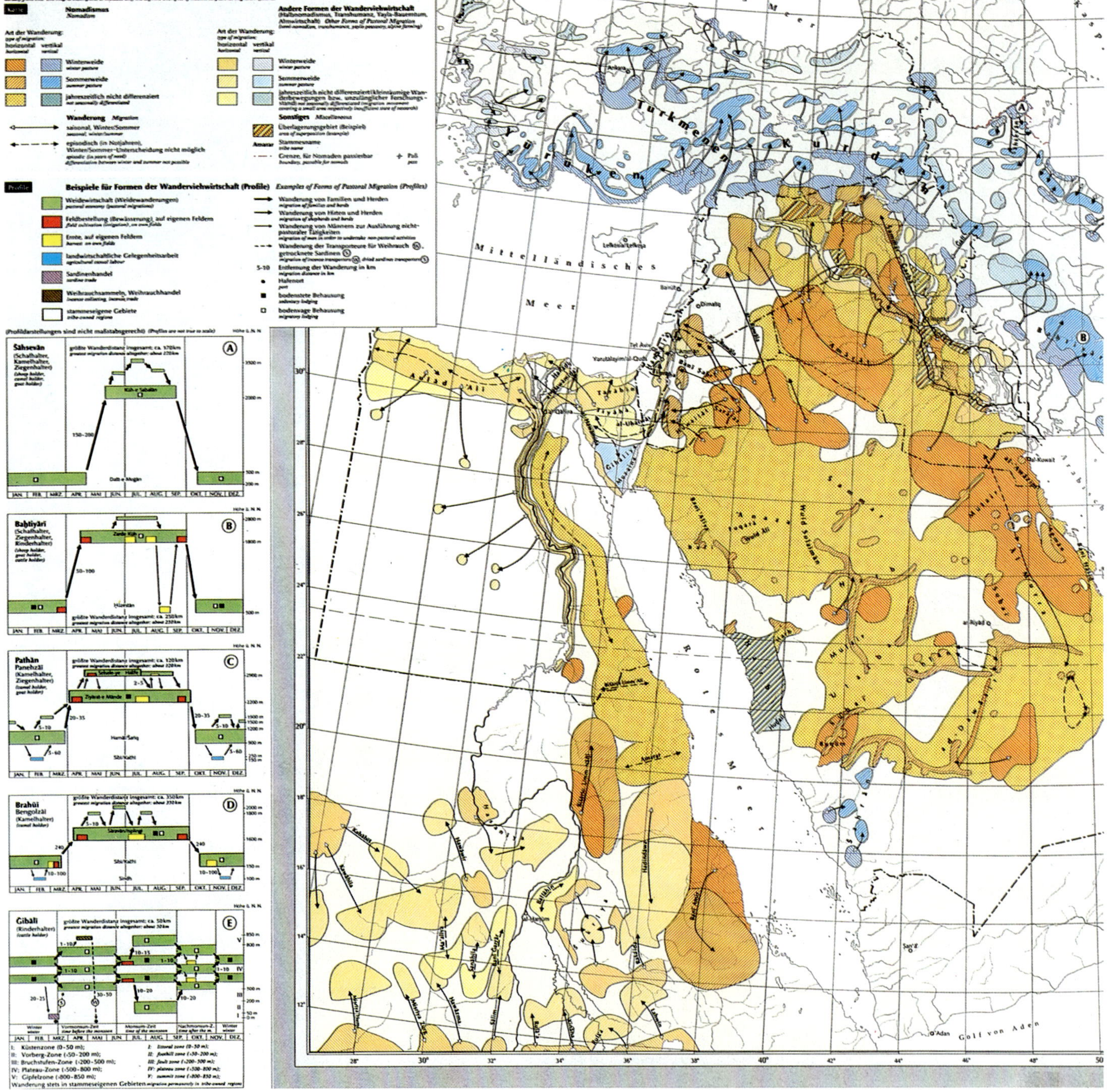

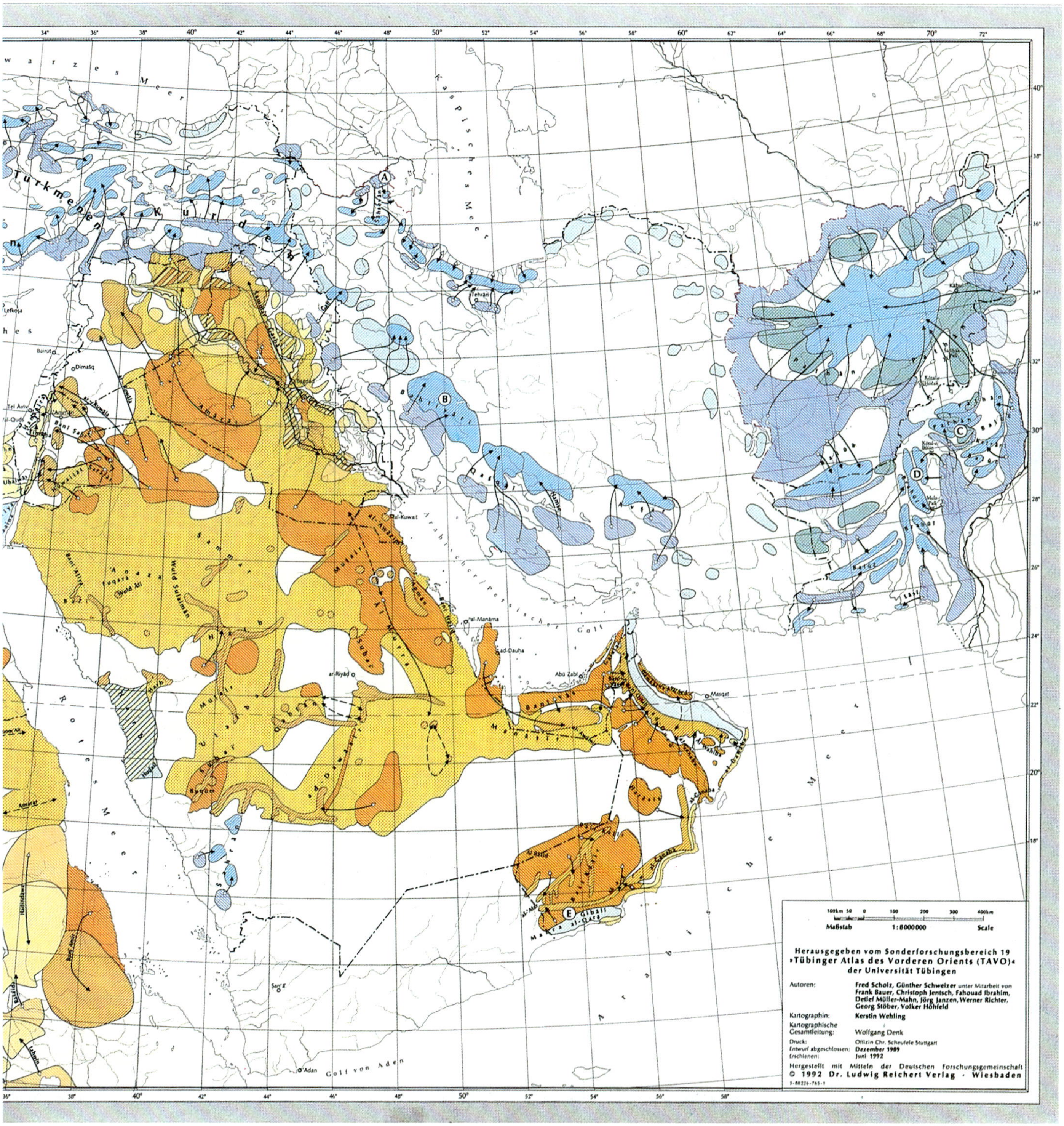
Kaspisches Meer
Tehrān
Bairūt
Dimašq
Tel Aviv
al-Kuwait
al-Manāma
ad-Dauḥa
Abū Ẓabī
Masqaṭ
ar-Riyāḍ
Ṣanʿāʾ
ʿAdan
Golf von Aden
Kābul
100km 50 0 100 200 300 400km
Maßstab 1:8000000 Scale
Herausgegeben vom Sonderforschungsbereich 19
»Tübinger Atlas des Vorderen Orients (TAVO)«
der Universität Tübingen
Autoren: Fred Scholz, Günther Schweizer unter Mitarbeit von Frank Bauer, Christoph Jentsch, Fahouad Ibrahim, Detlef Müller-Mahn, Jörg Janzen, Werner Richter, Georg Stöber, Volker Höhfeld
Kartographin: Kerstin Wehling
Kartographische Gesamtleitung: Wolfgang Denk
Druck: Offizin Chr. Scheufele Stuttgart
Entwurf abgeschlossen: Dezember 1989
Erschienen: Juni 1992
Hergestellt mit Mitteln der Deutschen Forschungsgemeinschaft
© 1992 Dr. Ludwig Reichert Verlag · Wiesbaden
3-88226-765-1

Anatolien typisch *yayla*-Wesen stellt er fest, daß dort zwei unterschiedliche Subsistenzzonen vorherrschen, die das kulturgeographische Bild des Landes prägen:

"Die Türkei ist deutlich in zwei sehr verschiedene Bereiche geteilt, was Oberfläche, Klima, Böden, Vegetation und menschliche Aktivitäten anbelangt..., in eine untere und eine obere Zone. In der unteren Zone gibt es Dauersiedlungen und Winterlager der nomadischen Bevölkerung... etwa 95 Prozent der ländlichen Bevölkerung leben [hier] im Winter... Aber, wenn der Sommer kommt, verliert diese Zone ihre Bedeutung als landwirtschaftliche Region... Die obere Zone, die im Winter von Schnee bedeckt ist, erhält ihre geographischen Möglichkeiten mit dem Frühling zurück, wenn der Schnee zu schmelzen beginnt. Deshalb strömen Menschen ab April und Mai in die obere Zone. Millionen von ihnen gehen auf ihre *yaylas*, indem sie das meiste ihres Besitzes einschließlich Tiere und Nahrung mitnehmen. Jedes Jahr erlebt diese Zone vier, fünf oder sogar sechs Monate lang ein Stadium der intensiven Aktivität. Dies zeigt den Einfluß der Oberflächenbeschaffenheit und klimatischen Bedingungen auf das menschliche Verhalten." (Tunçdilek 1963/64:62f, Ü.d.H.)

Albert Kunze

S. 56: Blick auf Bergmassiv in der Provinz Denizli, das von weitwandernden Yörük-NomadInnen wie von viehzüchtenden Bauerngruppen als Sommeralm genutzt wird.
1993

S. 54/55: Karte des Nomadismus und anderer Formen der Wanderviehwirtschaft im Vorderen Orient in der Vergangenheit. Für den Bereich Anatoliens ist die Situation um 1900 wiedergegeben, also vor dem Niedergang des Osmanischen Reiches. Die Grenzziehungen und -schließungen der 20er und 30er Jahre des 20. Jahrhunderts hatten erhebliche Einschränkungen für die mobilen TierhalterInnen zur Folge. In Anatolien lassen sich deutlich die turkmenischen und kurdischen Wandergebiete von denen der Yörük unterscheiden.

Zwei Yörük-Männer verlassen ihre Alm in Richtung Herbstweidegebiet auf abgeernteten Feldern einer nahegelegenen Hochebene. Ende Juli ist die knapp 2000 Meter hochgelegene *yayla* sowohl von der Weidequalität als auch von den Wasservorräten her erschöpft, obwohl Nomaden und Dörfler durch den Bau von Zisternen die Situation verbesserten. Da es nur einen schmalen, steilen Pfad gibt, müssen die Familien den Weg nach unten mit ihrem Hab und Gut, ihrem Sack und Pack mehrmals mit bepackten Eseln und Pferden zurücklegen.
Provinz Denizli 1993

Talfahrt

Der Bedeutungsverlust des Nomadismus in Anatolien

Im folgenden werden die Entwicklungen und Veränderungen, die sich durch die Modernisierung der türkischen Landwirtschaft seit Ende des Zweiten Weltkrieges vollzogen haben, nachgezeichnet und untersucht. Seither wird deutlich, daß die durch das Bevölkerungswachstum erzwungene und durch die Modernisierung ermöglichte Flächenexpansion der seßhaften Landwirtschaft, mit dem Verschwinden der Wanderweidewirtschaft und des Nomadismus einhergeht.

Durch seine große klimatische und geographische Vielfalt ist die Türkei nicht auf den Anbau eines oder weniger bestimmter Agrarprodukte beschränkt: Am Küstensaum des Schwarzen Meeres werden Tee, Tabak, Haselnüsse und Zitrusfrüchte angebaut. Das milde Klima der Ägäis- und Mittelmeertiefländer eignet sich für den Anbau von Oliven und den intensiven Gemüse- und Zitrusanbau (Agrumen), während Thrakien im europäischen Westen, Zentralanatolien und heute auch die Region um Diyarbakır in Südostanatolien, die Kornkammern des Landes sind. In den Gebirgsräumen des Taurus, des Pontos und den Hochregionen Ostanatoliens sind dagegen die Weidewirtschaft mit Schafen und Ziegen immer noch von herausragender Bedeutung in der Landwirtschaft.

Außer in den Gebirgsräumen des Taurus und im ostanatolischen Hochland erzwingen die naturräumlichen Voraussetzungen also keine ausschließlich nomadische Landwirtschaft. Sie bot aber der Viehwirtschaft der zwischen dem 4. und 16. Jahrhundert eingewanderten Turkvölker vielfältige Entfaltungsmöglichkeiten: Die natürlichen Grasländer Zentral- und Ostanatoliens boten ein besseres Weidepotential als die klassischen Trockengebiete der Nomadenländer Asiens. Dadurch konnten nomadische Gruppen in Anatolien auf begrenzteren Räumen mehr Vieh halten, sich besser entfalten und mächtiger werden. Zwischen Taurus, Mittelmeer und Ägäis geht die Tradition des Bergnomadismus bis in die Zeit der griechischen Antike zurück, zumal eine permanente Besiedlung des Küstensaumes in den Sommermonaten bis ins ausgehende 19. Jahrhundert immer durch dort grassierendes Sumpffieber und Malaria erschwert wurde.

Die Bedeutung der Landwirtschaft in der heutigen Türkei

In der Türkei sind rund 240000 km^2, das entspricht knapp einem Drittel der gesamten Landesfläche, ackerbaulich nutzbar. Somit hat die Türkei das größte Agrarpotential des gesamten Nahen Ostens und ist das einzige Land der Region, das keine Nettonahrungsmittel-Importe tätigt. Beispielsweise ist Ägyptens Bevölkerung in etwa gleich groß wie die der Türkei. Dennoch verfügt das Land nur über etwa ein Zehntel (1983: 24710 km^2) der Anbauflächen der Türkei und muß daher rund 40 % seiner Devisen für Nahrungsmittelimporte aufwenden.

Noch heute (1986) sind in der Türkei mehr als die Hälfte aller Erwerbstätigen (56 %), rund 10 Millionen Menschen, direkt in der türkischen Landwirtschaft tätig und erwirtschaften rund ein Fünftel des Bruttoinlandproduktes und ein Viertel der Gesamtexporteinnahmen (1984). Die Viehwirtschaft hat nur einen Anteil von etwa 30 % an der Wertschöpfung innerhalb der Landwirtschaft. In der Schwarzmeer- und Zentralen Nordregion der Türkei werden vor allem Rinder gezüchtet, deren Milchproduktion unbedeutend ist; in Ostanatolien hingegen in erster Linie Schafe und Ziegen. Die Schafbestände haben sich in der Türkei zwischen 1951 und 1983 von 24 auf 48 Millionen Tiere verdoppelt, während sich die Weidegebiete ständig verkleinert haben.

Der Mann mit der Kappe, Ali Çiçek, ein Yörük vom Stamm der Güzelbeyli, bei Verkaufsgesprächen auf dem Schlachttiermarkt zum Opferfest (*kurban bayramı*). Er ist der Hauptinformant und Kontaktmann des Herausgebers. *Kurban bayramı* ist ein Ereignis von zentraler Bedeutung für die nomadische Wirtschaft in Anatolien. Nach islamischem Brauch sollte jede einigermaßen wohlhabende Familie einen Hammel oder Ziegenbock zu diesem Fest schlachten, um einen Teil des Fleisches an Arme und an Nachbarn zu verteilen. In wenigen Tagen können die Viehzüchter der Türkei große Umsätze machen, die sie für die Mühen vieler Monate entschädigen.
Provinz Aydın 1986

1986	Erwerbstätige in der Landwirtschaft	Anteil der Landwirtschaft am BIP
Türkei	56 %	18 % (1980: 23 %)
Portugal	19 %	10 %
Griechenland	27 %	17 %
Deutschland	4 %	2 %

Quelle: Stat. Bundesamt Wiesbaden; alle Werte für 1986

Die Bevölkerungsentwicklung in der Türkei seit 1940

Während in der Türkei Mitte der 20er Jahre erst 13 Millionen Menschen lebten, verdoppelte sich die Bevölkerung zwischen 1940 und 1975 von rund 20 auf 40 Millionen. Anfang der 90er Jahre leben in der Türkei rund 55 Millionen Menschen. Die durchschnittliche Einwohnerdichte pro Quadratkilometer hat sich dadurch seit 1920 von 16 auf 70 erhöht. Noch 1965 lebten zwei Drittel der Bevölkerung in ländlichen Gemeinden mit weniger als 10000 Einwohnern. Bis zu diesem Zeitpunkt war das Bevölkerungswachstum auf dem Land und in den

Städten ungefähr gleich stark ausgeprägt. Im ganzen Land zählte man 1965 erst 14 Städte mit mehr als 100000 Einwohnern.

Jahr	'27	'40	'50	'65	'70	'75	'80	'85	'90	2000	2025
Bevölkerung	13	20	24	31	36	40	45	51	55	65	91
Einwohner/ km^2	16	25	31	40	45	52	57	65	70	77	118

Quelle: Ergebnisse der Zensen von 1965, 1970, 1975, 1980, 1985. Zahlen ab 1990 beruhen auf der sog. Mittleren Variante der Bevölkerungsprognose der Vereinten Nationen. Die Niedrige Variante gibt für das Jahr 2025 eine Bevölkerung von 81,6 Mio an, die Hohe Variante 105 Mio

Zwischen 1965 und heute hat das Bevölkerungswachstum aber eine entscheidende Veränderung erfahren: dieser Zeitraum ist durch eine rasche Urbanisierung gekennzeichnet. Seit 1965 wuchs die städtische Bevölkerung um jährlich 4,8 % an, die ländliche Bevölkerung hingegen nur um 0,8 %. Allein die Bevölkerung der Metropole Istanbul verdreifachte sich in diesem Zeitraum auf rund 5,5 Millionen.

Dies hat dazu geführt, daß seit 1984 erstmals mehr Menschen in den Städten als in den ländlichen Gemeinden lebten. Die Zahl der Städte mit mehr als 100000 Einwohnern erhöhte sich indessen von 14 auf 35. Die Türkei ist heute ein sehr junges Land, in dem fast die Hälfte der gesamten Bevölkerung (1985: 47,3 %) jünger als 20 Jahre alt ist.

Das Szenario des türkischen Bevölkerungswachstums wird in der sogenannten Mittleren Variante, einer von den Vereinten Nationen erstellten Prognose, optimistisch eingeschätzt. Die Studie geht davon aus, daß sich der Wohlstand der türkischen Bevölkerung proportional zum wirtschaftlichen Wachstum entwickeln und verbessern wird, daß keine größeren transnationalen Bevölkerungsmigrationen stattfinden werden und mittelfristig mit einem Rückgang der noch im Jahre 1985 recht hohen Geburtenziffer von 4,0 (Lebendgeburten pro 1000 Einwohner während eines Jahres) auf 2,4 im Jahr 2025, zu rechnen ist. Demnach würden in der Türkei des Jahres 2025 rund 92 Millionen Menschen leben und ein Urbanisierungsgrad von über 80 % hätte mitteleuropäisches Niveau erreicht. Eine Stagnation und Konsolidierung des türkischen Bevölkerungswachstums wird erst bei rund 110 Millionen Einwohnern um das Jahr 2050 erwartet.

Expansion und Intensivierung der Landwirtschaft in der Türkei

Infolge des rasanten Bevölkerungswachstums wurde eine Expansion der landwirtschaftlichen Nutzflächen nach dem Zweiten Weltkrieg unbedingt erforderlich. Die großen Landreserven der Türkei erlaubten dies und der neuen Supermacht USA erschien es sinnvoll, die Modernisierung der türkischen Landwirtschaft durch Kredite des *'Marshall-*

Der Griff des potentiellen Kunden zeigt seine Erfahrung beim alljährlichen Einkauf eines Schlachttiers: er testet, wieviel Fleisch es auf den Rippen hat. Obwohl die Verkäufer bisweilen Waagen zur Kontrolle anbieten, ist der Handel in erster Linie Verhandlungssache. Daß er ein geschickter Kaufmann ist, hat Ali Çiçek wie etliche andere Yörük bewiesen: vom relativ mittellosen Schafhalter gelang ihm die Entwicklung zu einem gutsituierten Baumwollfarmer. Er zögerte die Seßhaftwerdung seiner Familie so lange hinaus, bis er sich Häuser für die Familie und die frischverheirateten Kinder leisten konnte.
Provinz Aydın 1986

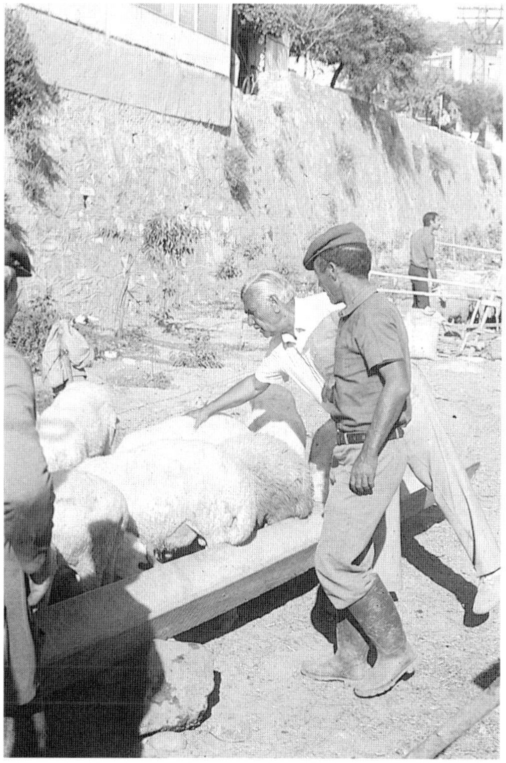

Planes' zu finanzieren, um damit soziale und ökonomische Umverteilungen, Instabilität und sowjetischen Einfluß in der Region zu vermeiden.

Dieses Entwicklungskonzept ist von den Amerikanern weltweit als *'Grüne Revolution'* propagiert worden. Durch die Mechanisierung der Landwirtschaft, die Verwendung von Kunstdünger und neuem, genmanipuliertem Hybridsaatgut, sollten hohe Erträge und vor allem ein agro-industrieller Komplex entstehen, um die Industrialisierung der gesamten Volkswirtschaft zu ermöglichen.

Am Ende des Zweiten Weltkrieges gab es erst rund 1000 Traktoren in der Türkei, 1948 2000, 1965 rund 40000, 1975 200000 und 1986 613000. Mit ihrer Hilfe wurde jetzt neues Ackerland, das früher in der Regel als Weideland *brach* lag, erschlossen und dabei gleichzeitig Millionen von Arbeitskräften in der Landwirtschaft wegrationalisiert. Die 'Modernisierung' der Landwirtschaft beendete in der Türkei die Quasiautarkie der Dörfer und führte zum Zerfall bäuerlicher Wirtschafts- und Sozialformen. Die daraufhin einsetzende *Landflucht* und die *Arbeitslosigkeit*, sind Phänomene der Moderne, die weltweit durch die Modernisierung eingeleitet wurden.

Zwischen 1942 und 1970 wurden die Anbauflächen in der Türkei von 70000 auf rund 240000 Quadratkilometer kontinuierlich ausgedehnt.

Lag in den 40er Jahren jedes Jahr noch rund die Hälfte der Ackerflächen brach und konnten als Weiden genutzt werden, war es in den 80er Jahren nur noch ein Viertel. Seither ist eine weitere Expansion aus mehreren Gründen fast nicht mehr möglich: Die vom Relief her geeigneten Flächen sind alle bereits unter Pflug und selbst regenarme Regionen in Zentral- und Ostanatolien wurden durch neue Getreidesorten, Düngemittel, Bewässerung und Mechanisierung urbar gemacht. Trotzdem nahmen in den 80er Jahren die Ackerflächen erstmals, aufgrund der Ausdehnung der Siedlungen und der Wiederaufforstung, jährlich um rund 90000 Hektar wieder ab. Bis zum Jahr 2000 will die Türkei mittels zwei Dutzend Staudämmen entlang der Oberläufe des Euphrat und Tigris in Ostanatolien 1,6 Millionen Hektar Bewässerungsland für den Anbau erschließen. Der bereits fertiggestellte Atatürk-Staudamm soll in der bislang kaum genutzten Harran-Ebene rund 470000 Hektar Ackerland erschließen.

Das Erreichen der Obergrenze des Ackerflächen-Wachstums um 1970, hatte zur Folge, daß die Bracheflächen seither kontinuierlich abnehmen und sich eine Intensivierung des Anbaus auf den bereits erschlossenen Ackerflächen abgezeichnet hat. Im türkischen Getreidebau ist traditionell das sogenannte *'Zwei-Zelgen-System'* verbreitet: Dabei lösen sich der Anbau von Getreide und eine darauf folgende, einjährige Schwarzbrache (Abbrennen der Stobbeln) in jährlicher Rotation ab.

Um die Bodenfruchtbarkeit bei entfallender Brachezeit langfristig zu erhalten, ist man weitgehend zu einem Fruchtwechsel zwischen

Getreide und Futterpflanzen übergegangen. In der Regel lösen sich Weizen oder Gerste mit der Aussaat von Alfalfa oder Futtergerste ab.

Mittels verstärktem Düngemitteleinsatz können so die Erträge auf einem stagnierenden Ertragsniveau gehalten werden. Zu einer, wie in Mitteleuropa üblichen Kombination der Viehhaltung mit dem Ackerbau innerhalb eines landwirtschaftlichen Betriebes, ist es in der Türkei aus ökologischen und kulturellen Gründen nie gekommen. Die Weiden sind zu arm, um Futtervorräte für den Winter einzulagern und der anfallende Viehdung wäre ohnehin zu gering, um damit die in Ackerland verwandelte Weide für einen lohnenden Ernteertrag zu verbessern.

Der Bedeutungsverlust des Nomadismus innerhalb der türkischen Landwirtschaft läßt sich aus den beschriebenen Entwicklungsprozessen indirekt erschließen. Die Zahl der dauernomadischen (dn), teilnomadischen (tn) und inzwischen seßhaft gewordenen Bevölkerung mit

Zu Besuch bei einer Yörük-Familie mit eigenem Traktor, die ihr Zelt im Herbstweidegebiet auf abgeernteten Feldern errichtet hat. Die Frau deutet in die Richtung des Lagerplatzes einer benachbarten Nomadenfamilie.
Provinz Denizli 1992

nomadischem Ursprung (sh) zwischen dem 19. Jahrhundert und heute wird aus der Tabelle auf S. 77 ersichtlich. Im ausgehenden 19. Jahrhundert waren noch etwa 700000 Yörük vollnomadisch zwischen Winter- und Sommerweidegebieten unterwegs; in den 80er Jahren dieses Jahrhunderts waren es schätzungsweise noch 10000.

George Mayer

Leicht gesalzene Fleischstreifen werden an der Rauchöffnung über der Küchenseite des Zeltes, an der sich keine Fliegen festsetzen können, getrocknet und geräuchert.
Stamm der Karaevli, Provinz Adana 1957 (U.J.)

Auf einer *yayla* wird vor dem Zelt ein Rind geschlachtet. An den Füßen wird begonnen, das Fell abzuziehen.
Provinz Afyonkarahisar 1991

Auf einer *yayla* in der Provinz Denizli. Die Pferde benachbarter Familien schließen sich zu einer Gruppe zusammen, da sie sich auf der Weide meist frei bewegen können. Ab und an wird vor allem bei Hengsten durch Fußfesseln verhindert, daß sich diese zu weit entfernen.
1993

Uralte Kulturen Anatoliens

Wanderviehhaltung zwischen Steinzeit und Mittelalter

Die ältesten Belege für Nutztierhaltung fanden sich in Südostanatolien. Steinzeitliche Jäger und Sammlerinnen entwickelten vor mehr als 9000 Jahren Herdentierhaltung und Pflanzenbau. Seither wandern in dieser Region alljährlich Bevölkerungsgruppen zwischen Sommer- und Winterweidegebieten. Sie fördern Handel und Ideenaustausch zwischen seßhaften Kulturen, mit deren Macht sie häufig in Konflikt geraten. Davon zeugen fast 4000 Jahre alte Keilschrifttexte, hethitische Verträge und römische Quellen. Cicero berichtet zum Beispiel von dauernomadischen Gruppen bei Antalya und der aus Taurus stammende Saulus-Paulus war von Beruf Zeltmacher. Die um 1000 n.Chr. in das byzantinische Anatolien eindringenden Turkvölker fanden hier also bereits den Nomadismus vor.

Die Ursprünge des Nomadismus reichen wahrscheinlich in die Jungsteinzeit (Neolithikum) zurück, als die Menschen begannen, Vieh zu züchten, Felder zu bestellen und sich feste Siedlungen zu errichten. Dies geschah im Gebiet der heutigen Südosttürkei, wo die Steppenebenen zwischen Euphrat und Tigris (Mesopotamien) auf die Gebirgsketten des östlichen Taurus stoßen. Dort wurden um 7000 v.Chr. die ersten Kleinstädte der Welt gebaut wie z.B. Çayönü bei Diyarbakır oder das etwas jüngere zentralanatolische Çatal Hüyük, wo vermutlich mehr als 3000 Menschen wohnten. Ausgrabungen deuten sowohl auf eine Herdentierhaltung im nahen Umkreis dieser Handelszentren hin als auch auf mobile Viehzüchtergruppen, die zur Verbreitung von Gütern über Hunderte von Kilometern beitrugen.

In den folgenden Jahrtausenden ergoß sich ein Bevölkerungs- und Kulturstrom von Anatolien nach Europa, Zentral- und Südwestasien, abzulesen an der Verbreitung von Keramiken, Bronze- und Eisengegenständen. Das fruchtbare, an Vieh und Metallen reiche Kleinasien hatte starke Anziehungskraft und wurde zum Schmelztiegel vieler Völker. So drangen z.B. die Vorfahren der HethiterInnen, die Viehzucht betrieben und auf Ochsenkarren wohnten, um 2300 v.Chr. aus dem nordkaukasischen Raum nach Zentralanatolien vor.

Von sumerischen und akkadischen Keilschriftziegeln des 3. vorchristlichen Jahrtausends stammen die ältesten schriftlichen Aufzeichnungen über südostanatolische Bergvölker. Detaillierte Texte über verschiedene Nomadengruppen fanden sich bei Ausgrabungen des ca. 1800 v.Chr. angelegten Archivs von Mari im heutigen Zentralirak. Die vom Mari-Reich teils unterworfenen, teils mit ihm verbündeten Nomadenstämme wanderten jeden Sommer zu den im Taurus-

Gebirge gelegenen Weiden, wie dies noch heute kurdische Gruppen tun.

Das von indoeuropäischen Nomadenverbänden mit Streitwägen und Eisenwaffen gegründete zentralanatolische Hethiterreich verfügte ebenfalls über ein Archiv in seiner Hauptstadt Hattusa, in dem sich folgende Passage eines Vertrags mit dem südöstlichen Nachbarstaat Kizzuwatani aus dem 15. vorchristlichen Jahrhundert fand:

"Wenn ein Zeltdorf des <hethitischen> Großkönigs mit seinen Frauen, seiner Habe, seinen Rindern, seinem Kleinvieh aufbricht und das Land Kizzuwatani betritt, wird es <der dortige> Paddatissu ergreifen und dem Großkönig zurückbringen <lassen> ..."

Eine neue militärische Qualität und nomadische Mobilität bildeten die indo-europäisch-sprachigen Reitervölker aus, die ab dem 13. Jahrhundert v.Chr. aus den euro-asiatischen Steppen nördlich des Kaukasus nach Anatolien vorstießen. Von einem der mächtigsten Völker berichtet Herodot von Halikarnassos (heute: Bodrum) um 630 v.Chr.:

"Das Geschlecht der Skythen hat nur in einem ... Hauptstück des menschlichen Lebens eine Regelung gefunden, die die klügste ist von allen, die wir kennen ..., daß keiner, der sie angreift, ihnen entkommt, und andererseits sie nicht zu fassen bekommt, ... die weder festgebaute Städte noch Mauern haben, sondern ihre Häuser mit sich herum führen, allesamt berittene Bogenschützen sind, nicht von Ackerbau leben, sondern von Herden ..."

Aus der Anfangsphase der römisch-byzantinischen Epoche in Anatolien, die bis zur türkischen Eroberung ab dem 11. nachchristlichen Jahrhundert andauerte, gibt es Hinweise auf dauernomadische Gruppen. So beschrieb Cicero, der um 50 v.Chr. Statthalter der südostanatolischen Provinz Kilikien war, die Bevölkerung Pisidiens, Phrygiens und Kilikiens als Schäfer, welche die Ebenen und Berge im Sommer wie im Winter durchziehen.

Albert Kunze

S. 69: Nomadischer Schafhirte mit seinem Leithammel. Stamm der Honamlı, Provinz Maraş 1964 (U.J.)

Überblick

Nomadische Gruppen in der Türkei

Den Stellenwert nomadischer Lebensweisen und die Anzahl der nomadischen Bevölkerung in Anatolien abzuschätzen, ist ein schwieriges Unterfangen.

Es wurden kaum detaillierte und differenzierte Daten zu größeren Regionen von der türkischen Verwaltung erhoben. Sie schien eher daran interessiert zu sein, die Anzahl der über fünfzig ethnischen Minderheiten in der Türkei möglichst gering aussehen zu lassen. Im Falle des kurdischen Volkes schwanken die verschiedenen staatlichen und nichtstaatlichen Angaben z.B. zwischen 2,5 und 10 Millionen. Noch schwieriger ist die Einordnung der Yörük, die — als ebenfalls türkisch-sprachig — von den Behörden gar nicht erst getrennt erfaßt werden, so daß Schätzungen große Unterschiede ausweisen: von 50 Tausend bis über 1 Million!

Von der türkischen Innen- und Wirtschaftspolitik wie ein Stiefkind behandelt, bleibt auch das anatolische Nomadentum in offiziellen Statistiken meist unerwähnt. Da alle Nomadinnen und Nomaden in einem Dorf angemeldet sein müssen, selbst wenn sie dort weder Haus noch Land besitzen, läßt sich die Tatsache verschämt verschweigen, daß noch heute viele Menschen Anatoliens — zumindest einige Monate im Jahr — nomadisch leben:

"Hirten und Bauern praktizieren Nomadismus und manchmal ist ein ganzes Dorf oder ein Teil davon betroffen. Die wechselvolle Landbestellung und das damit verbundene Auf und Ab ist ein Haupthemmnis für die soziale und wirtschaftliche Entwicklung, wiewohl dies in unserer verwaltungs-, politik- oder wirtschaftswissenschaftlichen Literatur gerne vergessen oder übergangen wird."

(Tanoğlu 1954:8f., Ü.d.H.)

In dieser Arbeit werden als Nomadentum Wirtschafts- und Lebensformen angesprochen, die auf der Wanderherdenhaltung mit beweglichen Unterkünften und der Familie als Besitz- und Produktionseinheit basieren.

S. 70: Einem Zicklein werden die Füße mit einer Mischung aus Teer und Fett eingeschmiert, damit es sich nicht mit Maul- und Klauenseuche infizieren kann. Stamm der Karaevli, Provinz Adana 1957 (U.J.)

S. 73: Ethnische Gruppen in der Türkei

2	Araber	41	Muslime
3	Aserbaidschaner	52	Qarapapachen
13	Christen	56	Schiiten
19	Georgier	64	Tataren
25	Hemschinle	66	Tscherkessen
27	Yörücken	67	Türken
32	Kurden	68	Turkmenen
35	Lasen	70	Yesidi
40	Muhadschir	71	Zaza

Sommerweide (*yayla*)-Gebiete und Wanderwege nomadischer Gruppen in der Türkei.

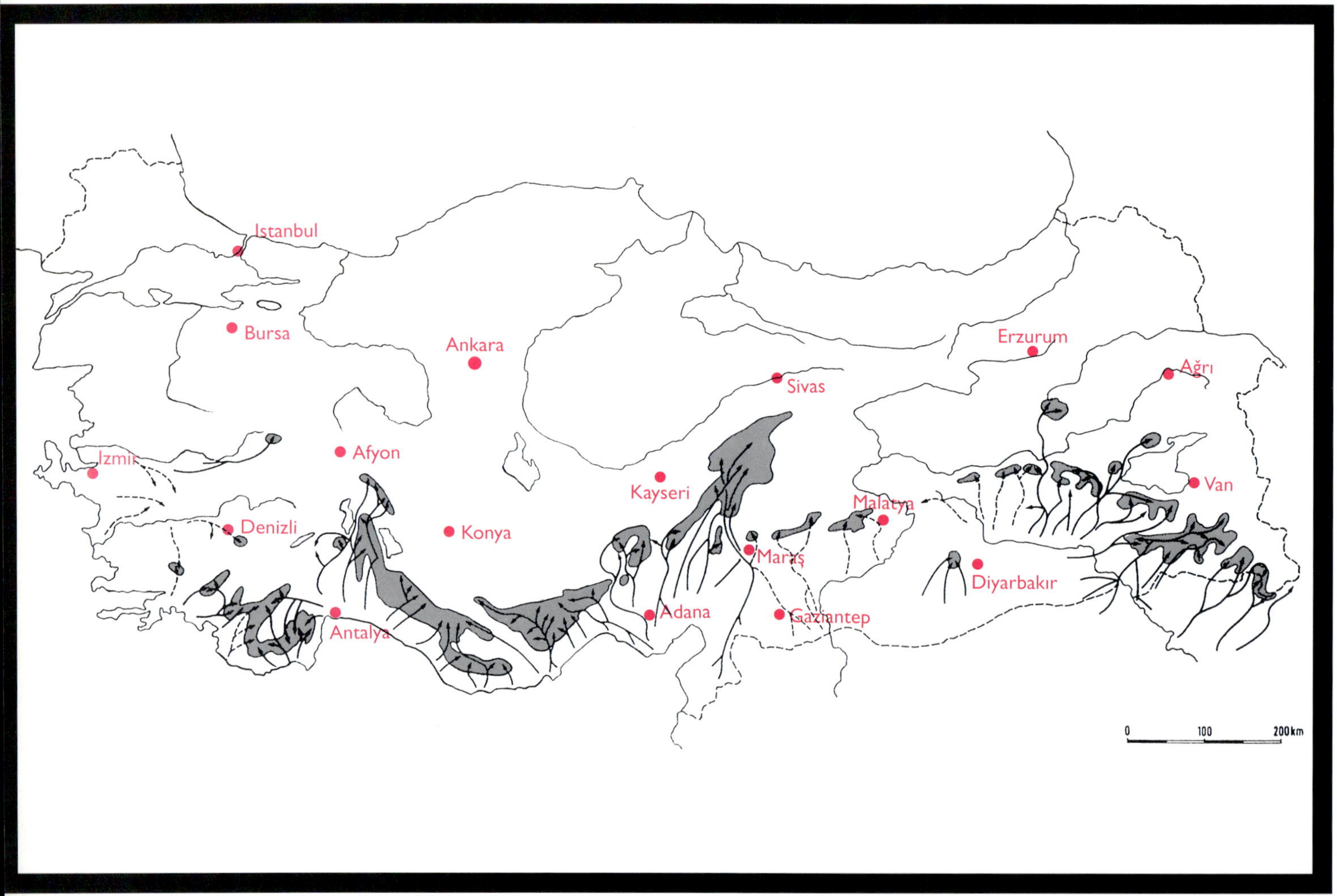

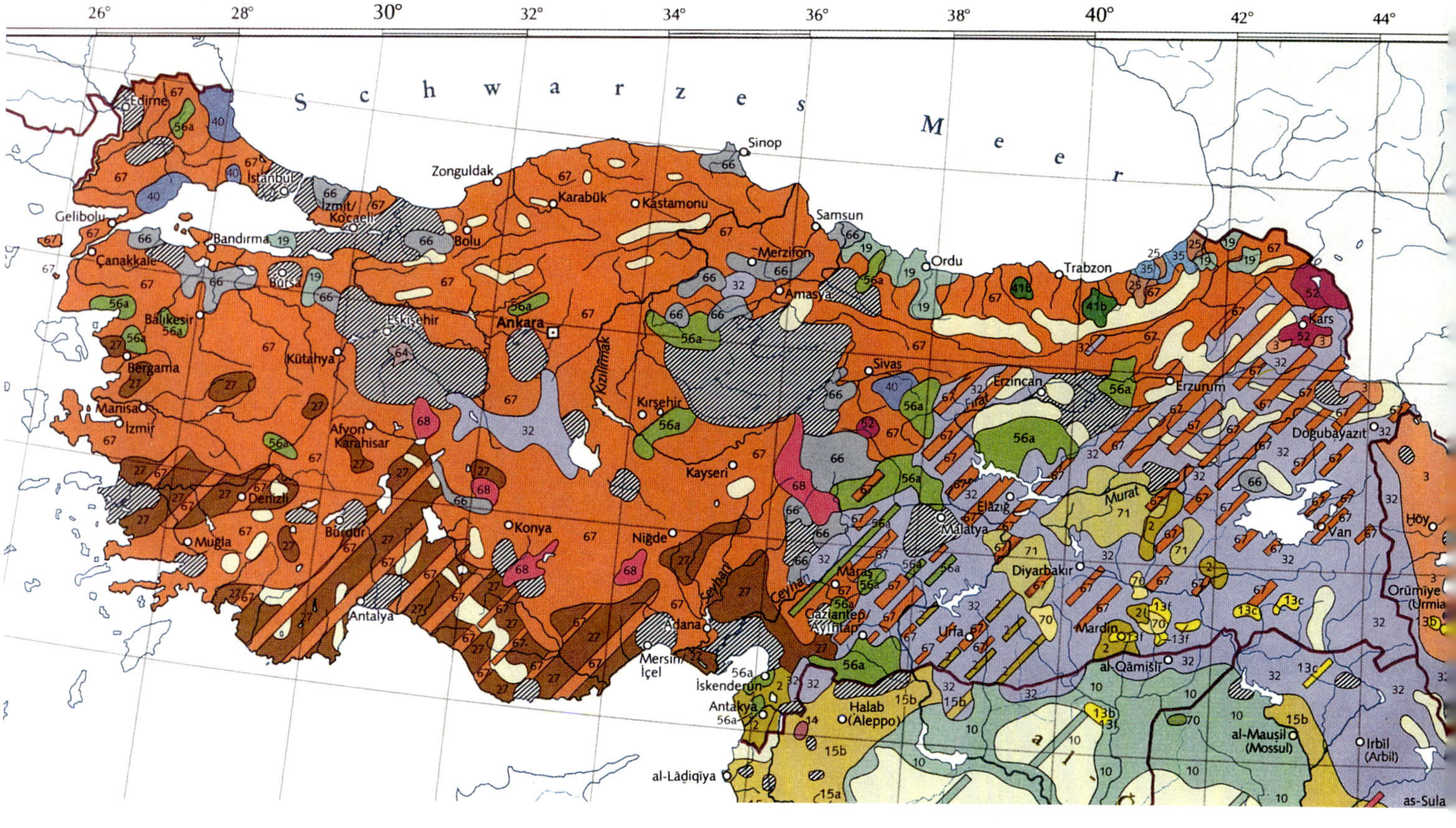

Schwarzes Meer
Edirne
İstanbul
İzmit/Kocaeli
Gelibolu
Çanakkale
Bandırma
Bursa
Balıkesir
Bergama
Manisa
İzmir
Kütahya
Eskişehir
Afyon Karahisar
Denizli
Muğla
Burdur
Antalya
Konya
Zonguldak
Karabük
Kastamonu
Bolu
Ankara
Kızılırmak
Kırşehir
Kayseri
Niğde
Seyhan
Ceyhan
Adana
Mersin/İçel
İskenderun
Antakya
al-Lāḏiqīya
Halab (Aleppo)
Sinop
Samsun
Merzifon
Amasya
Ordu
Trabzon
Sivas
Erzincan
Fırat
Erzurum
Kars
Doğubayazıt
Malatya
Elazığ
Murat
Diyarbakır
Maraş
Gaziantep/Ayıntap
Urfa
Mardin
al-Qāmišlī
Van
Höy
Orūmiye (Urmia)
al-Mauṣil (Mossul)
Irbil (Arbil)
as-Sula

Für die nachfolgende Tabelle 'Anatolische Nomadenvölker in Zahlen' ergeben sich drei Kategorien der Wirtschafts- und Wohnform: dauernomadisch (dn) für ganzjähriges Nomadisieren, teilnomadisch (tn) für einen etwa halbjährigen, meist bäuerlichen Nomadismus mit zeitweiliger Seßhaftigkeit, sowie dauerseßhaft (sh) für sämtliche anderen Lebensweisen.

Nomaden in Anatolien	vor 1800	19. Jh.	1900-1950	1980
Kurden	?	?	?	2,5-8 Mio (dn, tn, sh)
Yörük	275000 auf dem Balkan	700000 (dn)	28000 (dn)	10000 (dn) 1 Mio (sh)
Turkmenen	1,4 Mio (dn)	190000 (dn)	?	70000 (tn, sh)
Tscherkessen	?	?	?	60-100000 (sh, tn, dn)
Tataren	?	?	?	? (tn) 10000 (sh)
Andere	?	?	?	40000 (tn, sh)
Anatolische Gesamtbevölkerung	?	?	? - 24 Mio	45 Mio

Quelle: Kunze, Albert 1987 *Nomadentum in Anatolien. Lebensformen im Wandel der Geschichte*. Tübingen (unveröffentl. Magisterarbeit)

Als Nomadenvölker werden hier also nicht etwa *vollständig* nomadische Ethnien bezeichnet, sondern Gruppen, die *in Teilen* vom Nomadismus leben oder *lebten* wie etwa die tatarische Bevölkerung Anatoliens, die – ehemals nomadisch – heute fast ausschließlich dauerseßhaft geworden ist.

Der fragmentarische und ergänzungsbedürftige Charakter der obenstehenden Tabelle wird offensichtlich, wenn die vielen Fragezeichen betrachtet werden. Sie rühren daher, daß umfassendes Datenmaterial im Laufe der Geschichte nicht erhoben wurde bzw. sich nicht mehr rekonstruieren ließ.

Folgende Interpretationen lassen sich aus der Tabelle und der ihr zugrunde liegenden Literatur herleiten:

S. 76: Die Schafherden dreier Yörük-Familien werden am Spätnachmittag zur Tränke an eine Wasserzisterne gebracht. Diese wurde von der Ortsverwaltung, der die *yayla* zugeordnet ist, in Zusammenarbeit mit Yörük-Nomaden errichtet. Mit der Schneeschmelze fließt in dieses Reservoir Wasser, das zur Viehtränke und zum Wäschewaschen bis in den Hochsommer hinein reicht. Trinkwasser müssen sich die Familien von fließenden Quellen aus der Nähe holen, wozu Esel oder Pferde eingesetzt werden.
Provinz Denizli 1993

S. 75: Yörük-Ehepaar betrachtet Fotos von sich in der Ausstellungsbroschüre.
Provinz Denizli 1992

S. 74: Alte Yörük-Frau hinter einer Öffnung im Zelt ihres Sohnes.
Provinz Denizli 1992

In den letzten drei Jahrzehnten wurden in verschiedenen — bei weitem nicht allen — Regionen Anatoliens über 20000 Menschen *gezählt*, die dauernomadisch, also das ganze Jahr über nomadisch leben.

Die *Schätzungen* von fünf Fachleuten ergeben im Mittel etwa 55000 Nomaden für ganz Anatolien mit einem starken Übergewicht im Osten.

Mir scheint diese Zahl eher zu niedrig als zu hoch angesetzt zu sein, wie das v.a. Planhol (1959, 1968, 1975) nahelegt.

Äußerst gering ist die Anzahl dauernomadisch wirtschaftender Menschen jedenfalls gegenüber denjenigen, die nur Teile des Jahres nomadisieren und die restliche Zeit meistens noch Feldbau betreiben. Zu dieser teilnomadischen Bevölkerung liegen mir allerdings keinerlei statistische Angaben, sondern nur Schätzungen vor. Sie bewegen sich zwischen 450000 und 15000000, wobei die letzte Zahl (für 'Nomaden

Gruppe kurdischer Nomadenfamilien auf ihrer Sommeralm in Ostanatolien nahe des Tendürek-Passes an der iranischen Grenze. Viele Berge in dieser Region erheben sich auf über 3000 Meter.
Provinzgrenze zwischen Ağrı und Van 1989

und Halbnomaden', wohl stark übertrieben ist. Es könnte sich eher um 15 Millionen *Wanderweidewirtschaft* — also Nomadismus, Transhumanz und Almwirtschaft — betreibende Personen handeln, verglichen etwa mit ihrem Anteil von über 37 % im südanatolischen Distrikt Silifke (Waal 1968), welcher in Westanatolien meist eher geringer, in vielen ostanatolischen Regionen eher höher liegen dürfte.

Tanoğlu und Tunçdilek folgend, gehe ich davon aus, daß es sich um mehr als 1 Million, möglicherweise um Million*en* von Menschen in Anatolien handelt, die teilnomadisch leben, Familien also, welche einen Teil des Jahres in Zelten wohnen und Wanderviehwirtschaft ohne Stallungen betreiben.

Ein letztes sich aus der Tabelle auf S. 77 ergebendes Problem stellt die Zahlenstärke gesamter Ethnien, einschließlich ihres überwiegenden ganzjährig seßhaften Anteils, dar. Angesichts der Türkisierungspolitik in der Republik Türkei halte ich die von ihrer Verwaltung veröffent-

Die gleiche kurdische Zeltgruppe wie auf S. 78 aus der Nähe. Nebem dem traditionellen Zelt aus Ziegenhaar finden hier auch Zelte aus Leinen oder Baumwolle Verwendung. Die Schwarzen Zelte im kurdischen Siedlungsgebiet ähneln den Beduinenzelten in Arabien, deren Dachbahn durch viele Pfosten gestützt bis fast zur Erde gespannt werden. Dadurch unterscheiden sie sich von den Zelten der Yörük, die von drei bis fünf Pfosten gehalten und mit Seitenbahnen versehen werden.
Provinzgrenze zwischen Ağrı und Van 1989

lichte Zahl der kurdisch-sprachigen Bevölkerung von etwa 2,5 Millionen für wesentlich zu gering. Verschiedene Schätzungen in der westlichen Literatur machen eine Anzahl von etwa 8 Millionen Kurdinnen und Kurden auf türkischem Gebiet wahrscheinlich.

Da zu dem Volk der Yörük kaum offizielle, statistische Angaben und nur einige regional begrenzte Forschungsarbeiten vorliegen, ist für einen aktuellen Schätzwert ein historischer Rückgriff notwendig.

Wie Tabelle 1 zeigt, wurde noch am Ende des 19. Jahrhunderts die Anzahl der Yörük in drei verschiedenen westanatolischen Regionen auf 700000 veranschlagt.

Zuzüglich der aus dem Balkan zurückgekehrten und in weiteren, vor allem westanatolischen Provinzen lebenden Yörük und abzüglich derer, die ihre *Yörük-Identität* aufgegeben haben, ergibt sich für die Gegenwart eine Anzahl von ungefähr 1 Million Yörük in Anatolien.

Albert Kunze

Yörük-Frau vom Stamme der Güzelbeyli, die selbst webt und noch viel von Mustern und Formen, auch der benachbarten Stämme, weiß (s. auch S. 88). Ihre Tochter, die die Oberschule (*lise*) absolviert hat, hat dieses Kunsthandwerk nicht erlernt, da sie für sich keine Zukunft darin sieht.
1993

Wurzeln und Äste

Ursprung, Abstammung und Gemeinwesen

Die Vorfahren der Yörük gehörten zu den türkischen Einwanderergruppen, die ab dem 11. Jahrhundert nach Anatolien zogen. Wahrscheinlich vermischten sie sich mit Teilen der einheimischen Bevölkerung. Als Verwandte der osmanischen Herrscherschicht nahmen die Yörük Anteil an der Eroberung des Balkan. Ab dem 14. Jahrhundert findet sich ihr Name in schriftlichen Quellen. Um 1900 gab es etwa 50 Yörük-Stämme, deren Bedeutung durch die Zersplitterung ihrer Mitglieder abgenommen hat. Eine wichtige Rolle spielen immer noch die Klane und Zeltgruppen, die durch Verwandtschaft und Hilfeleistungen miteinander verbunden sind.

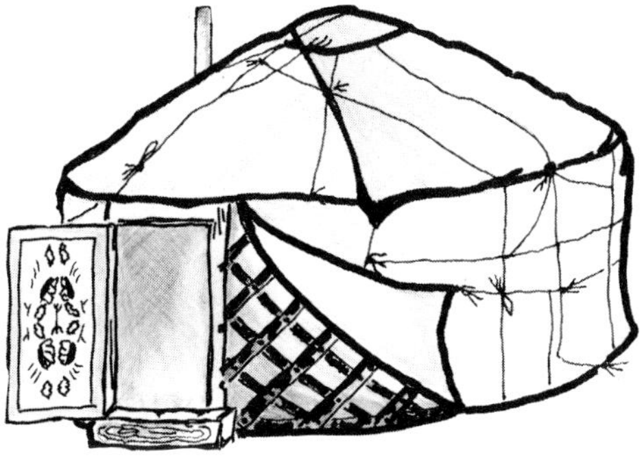

Skizze einer Filzjurte

Unter den ersten türkisch-oghuzischen Einwanderern nach Anatolien befanden sich auch mit großer Wahrscheinlichkeit Vorfahren der Yörük. Nach dem Sieg seldschukischer Heeresverbände über die byzantinische Armee bei der ostanatolischen Stadt Mantzikert (türkisch: Malazgirt) im Jahre 1071 strömten nomadische Gruppen aus Zentralasien und dem Iran nach Westen. Die türkische Besiedlung Anatoliens war derart umfassend und prägend, daß das Land 100 Jahre später in europäischen Schriftquellen nur noch als 'Türkei' bezeichnet wurde. Die einheimische Bevölkerung wurde meist nicht vertrieben, sondern verblieb in den türkisch besetzten Gebieten und behielt somit ein starkes zahlenmäßiges Gewicht, meistens sogar die Mehrheit. Einige Hinweise sprechen dafür, daß etliche von ihnen, die auch Formen der Wanderviehwirtschaft betrieben, sich zum Islam bekehrten und mit türkischen Nomadengruppen verbanden. Diese wiederum paßten sich an die neuen geographischen und klimatischen Verhältnisse an, zum Beispiel indem sie ihre Jurten aus Schafwollfilz durch die leichteren Ziegenhaarzelte, die in Arabien und Anatolien verbreitet waren, ersetzten.

Während sich etliche Einwandererfamilien schon in der ersten Besiedlungsphase niederließen und sich dem Ackerbau zuwendeten, behielt ein Teil der Bevölkerung Formen des Bergnomadismus bei. Auf ihrer Suche nach frostfreien Winterweidegebieten stießen nomadische Stammesverbände immer wieder in die byzantinisch verbliebenen Tiefländer nahe der Ägäisküste vor und bildeten oft die Speerspitze der Emirate, die sich am Ende des 13. Jahrhunderts mit dem Zerfall des Seldschukenreiches bildeten.

Yörük-Mädchen beim Wäschewaschen. Schon früh werden die Kinder in die geschlechtsspezifischen Arbeiten eingewiesen, die Jungen z.B. in das Hüten der Herdentiere.
Stamm der Karaevli, Provinz Adana 1957

Die Yörük und die osmanische Expansion

Die ersten Yörük werden mit dem oghuzischen Stamm der Kayı in Verbindung gebracht, zu denen auch die osmanische Herrscherschicht gehörte. Diese hatte sich im ausgehenden 13. Jahrhundert aus seldschukischen Grenzdiensten gelöst und um das Jahr 1300 ihre Unabhängigkeit erklärt. In ihrem kleinen, aber straff organisierten Staatswesen im Nordwesten Anatoliens dominierten die nomadischen Anteile. Die osmanischen Herrscher lebten selbst noch lange in Zelten und wechselten alljährlich zwischen Sommer- und Winterresidenz. Der große Zulauf, den das anfangs vom Stammeskriegertum geprägte osmanische Heer genoß, und ihr Machtzuwachs hatte mehrere Gründe: Das osmanische Fürstentum lag strategisch günstig nahe der Grenze zum byzantinischen Reich und der Meerengen zum Balkan hin; es profitierte vom Zerfall der byzantinischen wie der seldschukischen Macht, genoß ein hohes Ansehen als Glaubenskrieger (türk.: gazi) bei der islamischen Bevölkerung Anatoliens und schuf eine effektive Verwaltung wie Armee.

Bereits ab 1311 setzten Heeresgruppen auf die europäische Seite der Meerengen über und begannen mit der Eroberung breiter Landstriche. Ein Großteil der Eroberer sollen nomadische Yörük gewesen sein, die im Laufe der Geschichte bis ins heutige Makedonien kamen, wo immer noch Reste von ihnen leben.

Der Ursprung der Yörük unter diesem Namen geht von daher zurück bis ins 14. Jahrhundert, wo sie immer wieder als mit militärischen Aufgaben betraute Gruppe erwähnt werden. Durch die osmanische Expansion verstreuten sie sich über weite Landstriche bis nach Südosteuropa hinein, von wo die meisten ihrer Nachkommen erst nach dem Zerfall des Osmanischen Reiches im Ersten Weltkrieg nach Anatolien zurückkehrten.

Das Essen ist gerichtet. Die Alltagsmahlzeit der Yörük besteht häufig aus einem Stapel Fladenbrot (*yufka*), einer Schale mit Joghurt und einer Bohnen- oder Linsensuppe. Dazu gibt es ein wenig frisches Gemüse, Tomaten, Pepperoni oder Zwiebeln. Im Hintergrund ist ein Blechofen zu sehen, der zum Heizen und Kochen verwendet wird und heute in immer mehr Zelten das offene Feuer ersetzt.
Provinz Afyonkarahisar 1991

Yörük, Yürük — Versuch einer Begriffsklärung

Das Wort 'Yörük', im Türkischen auch 'Yürük', ist also seit über 600 Jahren in den osmanischen Schriftquellen und seit über 300 Jahren in westeuropäischen Aufzeichnungen zu finden. Das muß aber nicht bedeuten, daß damit eine festumrissene Bevölkerung benannt wurde. Im Laufe der Geschichte veränderte sich ihre Zusammensetzung vielfach. Es besteht die Möglichkeit, daß sich 'Yörük/Yürük' vom türkischen Verb 'yürümek' = 'wandern' herleitet. Die bis in unsere Tage verbreitete Übersetzung von 'Yörük' mit 'Wanderer, Nomade' läßt sich aus verschiedenen Gründen nicht halten: Zum einen gibt es im Türkischen ein eigenes Wort für 'Nomade, Nomadin', das den Wandercharakter ihrer Wirtschaftsweise ausdrückt, nämlich 'göçebe' von 'göç' = 'Wanderung'. Ferner wird durch den großen Anfangsbuchstaben in der türkischen Schrift ausgedrückt, daß es sich um einen Eigennamen handelt und nicht um die Bezeichnung einer Lebensform.

Dies wird auch dadurch deutlich, daß nicht alle Nomadenvölker mit 'Yörük' bezeichnet werden wie zum Beispiel die turkmenische und kurdische Nomadenbevölkerung. Daß 'Yörük' inzwischen eindeutig zum Namen einer bestimmten Volks- und Abstammungsgruppe geworden ist, zeigt sich daran, daß selbst seit langem seßhafte Menschen sich als Yörük bezeichnen. Die Verbindung des Namens zur Wanderviehwirtschaft mag auf den ursprünglichen Bergnomadismus der Yörük zurückgehen.

Das Gemeinwesen der Yörük

Die Yörük bildeten nie ein einheitliches, zusammenhängend siedelndes Volk, sondern von Anfang an eine große Anzahl verschiedener Stämme. Am Ende des 19. Jahrhunderts wurden noch etwa 50 Yörük-Stämme gezählt, von denen sich einzelne Mitglieder nur zu gewissen Anlässen wie Festen, Wallfahrten und bedeutenden Hochzeiten trafen. Zu den Stämmen, die bei den nomadischen Yörük noch heute von Bedeutung sind, zählen: Aksığırlı, Ali Efendi, Aydınlı, Bahşış, Çakallar, Çoşlu, Elekli, Gaçar, Güzelbeyli, Honamlı, Horzum, Karaevli, Karahacılı, Karakoyunlu, Karakayalı, Karalar, Karakeçili, Manavlı, Melemenci, Saçıkaralı, Sarı Ağalı, Sarıhacılı, Sarıkeçili, Sarıtekeli, Tekeli, Yeni Osmanlı. Während es nie eine zentrale Organisation bei den Yörük gab, verfügten sie jahrhundertelang über 'Yörük-Bey' genannte Interessenvertreter in den großen Städten des Osmanischen Reiches wie Thessaloniki/Selanik, Smyrna/İzmir und Konstantinopel/İstanbul.

Die Yörük-Stämme untergliedern sich wiederum in verschiedene Verwandtschaftsgruppen, von denen sich die Familien herleiten. Diese Klane oder 'lineages' (*sülale*) haben eine sehr große Bedeutung für die Yörük, da ihre Mitglieder häufig miteinander wirtschaften und in Notzeiten zur gegenseitigen Hilfe verpflichtet sind. Es kommt häufig vor, daß sich einige Familien aus einem Klan zu Zeltgruppen zusammenschließen. Dies ist heutzutage vorwiegend auf den Sommeralmen der Fall, da in den Winterweidegebieten meist keine großen, zusammenhängenden Flächen zur Verfügung stehen. Bei der Auswahl der Zeltnachbarn haben die Yörük freie Hand, so daß sich zu Zeltgruppen oft auch befreundete Familien vereinigen, die nicht direkt miteinander verwandt sind.

Durch die Zersplitterung der Nomadengruppen aufgrund ausgedehnter landwirtschaftlich genutzter Flächen in der westlichen Türkei nahm im 20. Jahrhundert die Bedeutung der Stämme bei den Yörük ab. Während früher Ehen innerhalb eines Yörük-Stammes üblich waren, ist es heute der Wunsch der meisten Eltern, einen Yörük-Partner für ihr Kind im heiratsfähigen Alter zu finden. Obwohl immer noch die Ausnahme, kommen immer mehr Ehen zwischen Yörük und Nicht-Yörük zustande.

Der Wintervorrat an fettarmem Käse wird in einen Schafsbalg gepreßt, wobei es darauf ankommt, ihn so anzufüllen, daß keine Lufträume, von denen aus ein Fäulnisprozeß einsetzen könnte, im Balg übrigbleiben. Der Frau in der Mitte ist das Tuch vom Fes gerutscht, so daß die Silberplatte darauf sichtbar wird (s. Abb. S. 40).
Stamm der Tekeli, Provinz Kayseri 1957 (U.J.)

Wachsen und Gedeihen

Soziale Beziehungen und ihre Funktionen

Verwandtschaftliche Beziehungen sind häufig die Grundlage und Voraussetzung wirtschaftlicher, politischer und sozialer Transaktionen. Heiraten dienen der Herstellung und/oder Festigung solcher Verbindungen. Von den Rechten und Pflichten des einzelnen im Familienverband bis zu der Möglichkeit, einen eigenen Haushalt zu gründen: alles ist aufs Engste mit der Familienorganisation verknüpft. Anders als im islamischen und türkischen Erbrecht erben Frauen bei den Yörük nichts, was sie in besonderem Maße von dieser Familienorganisation abhängig macht.

Wie bei vielen Volksgruppen im Nahen und Mittleren Osten ist auch bei den Yörük die Heirat zwischen Cousin und Cousine allgemein anerkannt und beliebt. Bevorzugt werden dabei Ehepartner aus der Familie eines Bruders väterlicherseits. Damit verknüpft ist natürlich auch das Bestreben, sowohl Besitz als auch Arbeitskräfte innerhalb der eigenen Sippe zu behalten bzw. zu vergrößern.

Eine Yörük-Heirat kann als eine Art Vertrag zwischen zwei Haushalten angesehen werden. Eine wichtige Rolle bei den Heiratsverhandlungen spielt der Brautpreis (*başlık*), der von der Familie des Bräutigams an die Familie der Braut gezahlt wird. Kaum eine Yörük-Familie kann den Brautpreis zahlen, ohne vorher einige Tiere zu verkaufen. Die Heiratsabsichten eines Sohnes müssen also mit den wirtschaftlichen Kapazitäten des Haushaltes abgestimmt werden. Diese ökonomischen Voraussetzungen bedingen die Tatsache, daß bei den Yörük äußerst selten zwei Söhne eines Haushaltes in einem Jahr heiraten. In der durchschnittlichen Yörük-Familie liegen zwei bis drei Jahre zwischen den einzelnen Hochzeiten.

Für die Familie des Bräutigams bedeutet die Heirat — neben einer zusätzlichen Arbeitskraft für den Haushalt — eine Steigerung an gesellschaftlichem Ansehen, da sich die Familie um die Braut, und damit auch um zukünftige Nachkommen, vergrößert. Da von der Größe des Haushaltes die Größe der zum Haushalt gehörenden Herde abhängt, die Größe der Herde aber als Maßstab für Reichtum angesehen wird, wird Familienzuwachs gesellschaftlich positiv bewertet.

Für die Familie der Braut bedeutet der Brautpreis eine finanzielle Entschädigung für eine verlorene Arbeitskraft. Heiratet jemand aufgrund von Scheidung oder Tod eines Ehepartners zum zweiten Mal, ist der Brautpreis gering, oftmals wird die Ehe auch ohne Brautpreiszahlung geschlossen.

Die traditionellen, arrangierten Hochzeiten bedeuten immer auch eine Anerkennung gesellschaftlicher Wertvorstellungen wie Familien-

S. 84: Yörük-Mann vom Stamme der Sarıkeçili mit seinem Enkel. In seinen jungen Jahren organisierte er mit Freunden Salzkarawanen vom zentralanatolischen Tuz Gölü (Salzsee) aus. Heute ist er einer der letzten Yörük-Nomaden, die einige Dromedare besitzen. Provinz Afyonkarahisar 1993

Bestickter Tabaksbeutel. Das Nähen und Sticken sind nach wie vor Fertigkeiten, die bei einer Yörük-Braut sehr geschätzt werden. Für ihre Aussteuer stellen die Mädchen schon lange vor der Hochzeit verschiedene Textilien her.
Sammlung Johansen des Hamburgischen Museums für Völkerkunde

Besticktes Tuch (*peşkir*) mit dem Motiv einer Kamelkarawane, die von einer Frau in Tracht mit einem Blumenstrauß in der Hand angeführt wird. Vor ihr läuft ein Hund.
Sammlung Johansen des Hamburgischen Museums für Völkerkunde

ehre, Unberührtheit der Frau und Verzicht auf voreheliche Beziehungen. Im krassen Gegensatz dazu stehen das gemeinsame Weglaufen eines jungen Paares (*kaçışma*) und der Brautraub (*kız kaçıma*).

Kaçışma: Das gemeinsame Weglaufen eines Paares

Zwischen Brautraub und dem gemeinsamen Weglaufen eines Paares muβ unterschieden werden. Bei der Planung einer gemeinsamen Flucht kommt der Frau eine wesentlich aktivere Rolle zu, als dies in den traditionellen Heiratsregelungen vorgesehen ist, da sie alleine ihren zukünftigen Partner wählt. Der Wunsch und die Ungeduld junger Yörük, durch eine Heirat den gesellschaftlichen Status eines Erwachsenen zu erlangen, kann Ursache einer gemeinsamen Flucht sein. Ihre Geduld kann nämlich auf eine harte Probe gestellt werden, wenn die bereits erwähnten ökonomischen Voraussetzungen zur Zahlung des Brautpreises nicht erfüllt sind. Auch ihr Alter und die Anzahl noch unverheirateter älterer Geschwister spielen bei der Festsetzung eines Hochzeitstermines eine Rolle.

Eine ungewollte Verkuppelung kann ebenfalls Ursache von *kaçışma* sein. So gibt es in der Gesellschaftsordnung der Yörük z.B. das sogenannte 'Recht des Vaterbruders' (*emmi hakkı*), das es einem Mann erlaubt, auf eine Heirat der Tochter seines Bruders mit seinem eigenen Sohn zu bestehen. Wird seinem Wunsch nicht entsprochen, kann er unter Umständen Schadensersatzforderungen stellen.

Im Falle einer Brautentführung (*kız kaçırma*) versichert sich der zukünftige Bräutigam der Hilfe einiger Freunde. Diese Freunde gehören normalerweise nicht seinem eigenen Haushalt an und sind meist jünger als er selbst und ledig. Sie entführen die Braut gemeinsam an einen vorher vereinbarten abgelegenen Ort. Da die Braut dort mit dem Mann einige Zeit alleine verbringt, gilt ihre Unschuld als verloren. Ihre

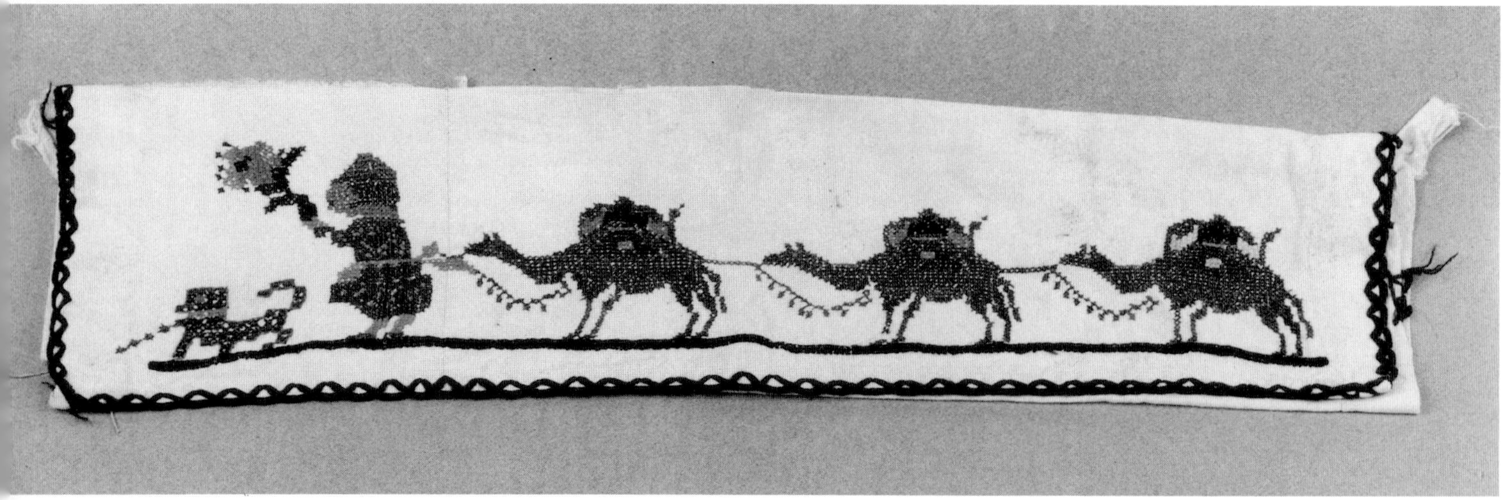

Aussichten auf eine anderweitige Heirat sind damit sehr gering und in den meisten Fällen von Brautraub akzeptieren die Frauen ihren Entführer als zukünftigen Ehemann, schon um nicht in Zukunft ledig bleiben zu müssen oder die Vorwürfe und Herabsetzungen der Familie und der Gesellschaft zu ertragen.

Der Brautraub bietet die Möglichkeit, die Zahlung eines zu hohen Brautpreises zu umgehen. Nach der Entführung nämlich muß sich die Familie der Braut an dem orientieren, was die Familie des Bräutigams tatsächlich aufbringen kann.

Brautraub oder eine gemeinsame Flucht des Paares gibt es auch, wenn mehrere Bewerber um eine junge Frau werben. Für die Familie des entführten oder weggelaufenen Mädchens bedeutet solch ein Vorfall einen Verlust an gesellschaftlichem Ansehen und eine öffentliche Bloßstellung. Die Familie des Brautentführers muß mit gesellschaftlicher Ächtung und der Zahlung einer Geldstrafe an die Familie der Braut rechnen. Diese Geldstrafe ist Yörük-intern nichts anderes als der von den Eltern der Braut geforderte Brautpreis (*başlık*), der ihnen den traditionellen Heiratsregeln entsprechend zusteht. Zahlt die Familie des Entführers den geforderten Brautpreis nicht, muß sie mit Repressalien seitens der Familie der Braut rechnen. Das Verhältnis zwischen den beiden Familien ist daher von Anfang an schlecht. Üblicherweise vermeiden sie in der ersten Zeit jeglichen sozialen Kontakt und wählen nicht diesselbe Zeltgruppe.

Heiraten aufgrund eines Brautraubes oder einer Flucht des Paares finden häufig zwischen nicht blutsverwandten oder Yörük-/Nicht-Yörük-Partnern statt. Es entstehen dadurch soziale Bindungen, die über die Yörük-Gemeinschaft hinausgehen, z.B. zu seßhaften Familien. Die meisten Ehen werden jedoch innerhalb der Yörük selbst geschlossen. So gab es noch in den 70er Jahren über 90 % Yörük-interne Eheschließungen.

Silberschmuck: Armreif, Fingerring und zwei Haarspangen. Schmuck erwerben die Yörük seit alters her in den städtischen Märkten. Vor allem zur Heirat ist die Anschaffung von Schmuck für die Braut von großer Bedeutung. Heutzutage handelt es sich dabei meistens um Goldschmuck.
Sammlung Johansen des Hamburgischen Museums für Völkerkunde

Yörük vom Stamme der Güzelbeyli im Zelt beim Betrachten eines Buches über Flachgewebe. Die Frau in der Mitte (s. S. 80) erklärt einige Muster und Techniken, die sie teilweise selbst beim Weben verwendet. Provinz Denizli 1992

Das Zusammenleben im Familienzelt

Die meisten jungen Paare leben nach der Heirat eine bestimmte Zeit lang bei der Familie des Bräutigams. Für die Braut ist diese Zeit oft sehr hart, denn sie muß durch besonders demütiges und fleißiges Verhalten beweisen, daß sie ihren Brautpreis wert ist. Die frisch verheiratete Frau behält den Status einer Braut (*gelin* von *gelen* = die, die kommt), bis sie mit ihrem Mann einen eigenen Haushalt gründet oder bis ein jüngerer Bruder ihres Mannes heiratet und eine neue *gelin* in den Haushalt kommt. Scheidungen kommen verhältnismäßig selten vor. Wenn es dazu kommt, dann meist in dieser ersten Zeit nach der Heirat. Die Braut geht dann zu ihren Eltern zurück und je nach Scheidungsursache (z.B. Kinderlosigkeit, Meinungsverschiedenheiten) muß der Brautpreis zurückgezahlt werden oder nicht. Die Kinder bleiben in den meisten Fällen bei der Familie des Mannes.

Häufig sind Meinungsverschiedenheiten innerhalb der Familie aber auch der Anlaß, daß ein junges Paar das elterliche Zelt verläßt und einen eigenen Haushalt gründet. Auch der durch Nachwuchs oder heiratende Brüder entstehende Platzmangel im Zelt kann ein Paar dazu bewegen, den elterlichen Haushalt zu verlassen. Geschieht dies sehr bald nach der Heirat, wird das gesellschaftlich negativ bewertet, da das junge Paar die Kosten, die dem elterlichen Haushalt durch seine Heirat entstanden sind, durch aktive Mitarbeit wieder hereinwirtschaften sollte. Außerdem muß der Yörük-internen Erbregelung entsprechend einem Sohn, der den väterlichen Haushalt verläßt, sein Erbteil ausgezahlt werden.

Erbregelungen

Das Erbe besteht meist aus einem bestimmten Teil der väterlichen Herde. Dabei wird die Anzahl der Tiere zu gleichen Teilen auf den Vater und seine Söhne verteilt. Das Erbe ist die Voraussetzung, um einen eigenen Haushalt zu gründen. Anders als im islamischen und türkischen Erbrecht erben Frauen bei den Yörük nichts. Sie erhalten bei ihrer Heirat von ihrem Vater und Schwiegervater ein paar Goldmünzen als persönlichen Besitz und eine Mitgift (z.B. eine Nähmaschine oder Wäsche). Auch wenn eine Frau Witwe wird, erbt sie selbst nichts. Sie verwaltet zwar die Erbteile ihrer unmündigen Söhne, muß diese jedoch an den Vormund ihrer Söhne (meist ein Bruder ihres verstorbenen Mannes) auszahlen, wenn sie sich wieder verheiratet.

Möglichkeiten einer Witwe

Eine Witwe hat nach dem Tod ihres Mannes drei Möglichkeiten: Entweder sie heiratet einen Bruder ihres Mannes, unter Umständen auch als dessen zweite Frau oder sie kehrt ohne ihre Kinder in den Haushalt ihrer Eltern zurück. Als *dul kadın* kann sie drittens mit ihren

Kindern ihren eigenen Haushalt unter dem Schutz und der wirtschaftlichen Abhängigkeit ihrer Schwiegereltern oder eines Schwagers gründen.

Das Alter

Es ist die Pflicht des jüngsten Sohnes, im Zelt des Vaters zu leben bis zu dessen Tod. Er übernimmt dann den Haushalt seines Vaters und sorgt für seine Mutter. Beim Tod des Vaters wird dessen Anteil an der Herde auf alle noch unverheirateten Söhne gleichmäßig verteilt. Von den noch im elterlichen Haushalt lebenden Söhnen übernimmt dann der Älteste die Rolle des Familienoberhauptes.

Alter bedeutet für eine Yörük-Frau den Respekt der Gemeinschaft, mehr Bewegungsfreiheit als in jüngeren Jahren und eine gewisse Macht über die anderen, da man die spitzen Zungen und scharfen Urteile alter Frauen fürchtet. Ein Mann hingegen verliert mit der Aufgabe seiner wirtschaftlichen Aktivitäten seinen sozialen Status, was für ihn Macht- und Autoritätsverlust bedeutet.

Alte Frau vom Stamme der Sarıkeçili beim Ausbessern einer von ihr gewobenen Kindersatteltasche, die sie gleich darauf dem Besucher aus Deutschland zum Geschenk macht. Vor ihr eine Gaskugel, mit der Wasser erhitzt und Essen gekocht wird.
Provinz Denizli 1986

Dieselbe Kindersatteltasche, gewebt mit Ziegenhaar und dem wiederkehrenden Motiv einer Rosenwasserflasche.
Sammlung Kunze

Teil vom Ganzen

Die Wirtschaftsweise der Yörük

S. 90: Alte Frau der Karaevli. Sie hat erwachsene, verheiratete Söhne und daher allen Schmuck abgelegt, hat aber in der Familie entscheidend mitzubestimmen. Provinz Adana 1964 (U.J.)

Noch heute leben tausende von Yörük in nomadisierenden Familienverbänden — und das in einem Land, wo im Zeichen westlichen Fortschritts die Wanderviehhaltung zunehmend erschwert wird. Wie haben die nomadischen Yörük ihre Lebensweise bis in unsere Tage aufrecht erhalten können; was für Kompromisse haben sie eingehen müssen?

Bezeichnend für den Nomadismus als Wirtschaftsform ist die Flexibilität, mit der sich seine Vertreter den wechselnden natürlichen und zunehmend auch wirtschaftlichen und kulturellen Gegebenheiten ihrer Umwelt immer neu anpassen. Bisher finden jedoch die Bedürfnisse der nomadischen Bevölkerung politisch kaum Beachtung und die Grundlagen ihrer Wirtschaftsweise werden mehr und mehr beschnitten. Das Weiterbestehen des Nomadismus — im Grunde eine fruchtbare Komponente in der wirtschaftlichen Landschaft der Türkei — ist von daher in Frage gestellt.

Die nomadische Lebensweise beruht nicht auf Unterwerfung und Herrschaft über die Natur, sondern auf harmonischem Austausch mit der Umwelt. So sind es die landschaftlichen Veränderungen im jahreszeitlichen Rhythmus, die die Wanderrouten der Yörük auf der Suche nach Weidegebieten bestimmen.

Eingehende Kenntnisse etwa von Klima und Terrain befähigen die Yörük zu einer genügend effektiven Viehhaltung, um sich dadurch die Existenz zu sichern.

Grundlage der Yörük-Ökonomie sind die Schafherden, die zunehmend die früher üblicheren Ziegen ersetzen. Die Schafsmilch verwenden sie zur Herstellung von Käse, Butter und Yoghurt. Aus Schafwolle (und Ziegenhaaren) weben Yörük-Frauen Teppiche, Taschen und Zeltwände. Schlachtvieh dient in einem weitaus geringeren Umfang dem Eigenbedarf als dem Handel mit Bauern und Schlachtern.

Der Austausch all der genannten Produkte läuft über Händler, die im Hochsommer auf die Weiden kommen oder durch Verbindungen zu ansässigen Betrieben wie Molkereien. Am wichtigsten für den Austausch der Waren aber sind die Märkte entlang der Wanderrouten. Dort erhandeln die Nomaden — nicht selten mit seßhaft gewordenen Yörük — wichtige Lebensmittel wie Nudeln, Reis, Kartoffeln und Zucker, aber auch Kleidung und Haushaltsgeräte, die sie selbst nicht herstellen.

In den vergangenen Jahren mußten sich die Yörük mehr und mehr dem Druck einer expandierenden Landwirtschaft und den damit verbundenen politischen Rahmenbedingungen beugen. Die Wanderweidewirtschaft wurde zunehmend von intensivierter Dauerland- bzw.

Buttern im Schlauch aus einem Ziegenbalg. Stamm der Tekeli, Provinz Kayseri 1957 (U.J.)

S. 93: Beim Backen von Fladenbrot (*yufka*). Während eine Frau den fertigen Fladen auf einen Stapel legt, legt die andere mit dem Teigroller (*oklava*) ein neues *yufka* auf das heiße Backblech.
Stamm der Sarıkeçili, Provinz Afyonkarahisar 1993

S. 94: Je nach Wetter und Klima wird *yufka* vor dem oder im Zelt gebacken. Im Hintergrund wird eine Kuh gemolken.
Provinz Afyonkarahisar 1991

Forstwirtschaft verdrängt. Inzwischen richten sich ihre Migrationsbewegungen nach Vereinbarungen mit seßhaften Landbesitzern, deren ökonomische Interessen sich nur teilweise mit denen der Nomaden decken. Sie sind zunehmend abhängig von Verhandlungen und Vertragsabschlüssen, die ihnen ausreichend Weideland sichern.

Der Verlust von Weideland und der Druck, sich vertraglich mit der seßhaften, Ackerbau betreibenden Bevölkerung zu einigen, führt zu Konflikten und gefährdet die kulturelle Eigenständigkeit der Yörük. Bis Ende der 40er Jahre war es üblich, an Stelle einer Pacht Geschenke etwa in Form von Käse und Butter für Weideplätze zu überreichen. Die in neuerer Zeit ständig steigenden Pachten und Steuern stellen eine so große Belastung dar, daß eine Familie mittlerweile 250 Schafe im Durchschnitt als Existenzminimum benötigt — vor Jahren reichten durchschnittlich 150 Tiere aus. Diese Veränderungen zwangen viele Yörük zur Seßhaftigkeit oder zum Teilnomadismus.

Mit einem flachen Eisen wird das *yufka* auf dem Blech gewendet und vor dem Festbacken bewahrt. Inzwischen entsteht auf einem bemehlten Holzbrett ein neuer Fladen.
Stamm der Sarıkeçili 1993

Oft ziehen nur noch Frauen, Jugendliche und Kinder mit den Herden auf die *yaylas*, während die Männer gepachtetes oder gekauftes Ackerland bestellen. Für die Tiere der Yörük wären längere Aufenthalte in den Talgebieten der Winterweiden oft von Vorteil; der Druck der Landwirtschaft macht dies heute fast unmöglich. Auf den Wegen zu den Sommerweiden ist das Futterangebot mitunter sehr dürftig, oder die Routen sind Ackerland geworden, weshalb man dazu übergegangen ist, Mensch und Tier, Hab und Gut mit Lastwagen auf die *yaylas* zu transportieren. Doch selbst diese sind durch den Siegeszug einer Technik bedroht, die es möglich macht, Trocken- und Sumpfgebiete in Ackerland umzuwandeln. Eine weitere Beeinträchtigung bereitet das rasche Wachstum der türkischen Bevölkerung mit resultierender Ausdehnung der Siedlungsgebiete — der Lebens- und Wirtschaftsraum der Yörük verliert an Territorium.

S. 95: Yörük-Frau mit ihrer Tochter beim Vorbereiten zum Kochen.
Provinz Afyonkarahisar 1991

S. 96: Yörük-Frau beim Hüten ihrer Ziegenherde, die selbst in kargen, strauchbewachsenen Gegenden genügend Nahrung findet.
Provinz Denizli 1993

Tauschhandel zwischen Schaf- und Ziegenzüchtern.
Stamm der Karaevli, Provinz Adana 1964 (U. J.)

Ausblicke

Daß der Nomadismus allen Beschwernissen zum Trotz in der Türkei bis in diese Tage Bestand hat, ist nicht zuletzt der Tatsache zu verdanken, daß sich doch noch jene Flächen finden lassen, die andere, spezialisierte Wirtschaftsweisen immer noch nicht, oder nur saisonal bedingt zu nutzen vermögen. Allerdings könnten die Yörük weit effektiver wirtschaften, müßten sie ihre Weidezeiten und -orte nicht so sehr den Nutzungskreisläufen bäuerlichen Anbaus unterordnen. Diese Form der Anpassung bedeutet weniger ein wirtschaftliches Optimum, als vielmehr das Zurückweichen einer Minderheit ohne ausreichende politische Vertretung im sie umgebenden Staat. Daß die Yörük immer größere Einschränkungen erfahren, liegt nicht etwa an ihren 'veralteten' Wirtschaftsmethoden, als vielmehr an einer Gesetzgebung, die die seßhafte Bevölkerung bevorteilt. Würde den nomadischen Yörük

S. 98: Die Milch wird sofort nach dem Melken durchgeseiht.
Stamm der Karaevli, Provinz Adana 1964 (U.J.)

Das Hauptverkaufsprodukt — leicht gesalzener, vollfetter, weißer Ziegenkäse, der inzwischen auch in Deutschland beliebt ist.
Stamm der Tekeli, Provinz Kayseri 1964 (U.J.)

politisch eine angemessene Anerkennung ihrer Leistungen und Erträge zugesprochen, anstatt diese durch inadäquate Pachtzahlungen zunichte zu machen und hätten sie eine angemessene politische Vertretung, könnte langfristig das Entwicklungspotential der Wanderviehhaltung ersichtlich werden. Gäbe der türkische Staat den Nomadenvölkern Anatoliens eine gesunde Existenzchance, könnte durch sinnvolle und faire Aufteilung der Landnutzung die Ertragsfähigkeit der ganzen Region gesteigert werden.

Der Nomadismus der Yörük, nicht behindert sondern bestärkt, böte zumindest zweierlei: die optimale Nutzung einer kargen Bergregion ohne allen technischen Aufwand und die Integration einer nicht nur viehzüchterisch sondern auch handwerklich erfahrenen Bevölkerung in das wirtschaftliche Geschehen ihres Landes.

Larissa Sanyo, Christiane Schütze

Ein Zicklein erblickt das Licht der Welt.
Stamm der Karaevli, Provinz Adana 1957

Auf dem Viehmarkt vor dem Opferfest (*kurban bayramı*): Interessenten besichtigen die zum Verkauf angebotenen Tiere. Im Vordergrund die Hammel eines Yörük.
Stamm der Güzelbeyli, Provinz Aydın 1986

Die Dromedare einer Nomadenfamilie aus dem Sarıkeçili-Stamm auf der *yayla*. Im Morgengrauen brechen die Tiere selbständig auf, um in der Weite des Hochplateaus zu weiden. Abends sucht sie ein Mitglied der Familie und bringt die Tiere zu den Zelten, wo sie getränkt und mit Salz versorgt werden. Dromedare werden in erster Linie als Packtiere eingesetzt und heutzutage vielfach durch Traktoren ersetzt, was aber die Mobilität in unwegsamen Bergregionen schmälert.
Provinz Afyonkarahisar 1993

Jahreszyklus

Bergnomadismus, Flächennutzung, Ökologie

In den südtürkischen Provinzen Aydın, Muğla, Antalya, İçel, Adana, Hatay und Gaziantep sind noch rund 10000 Yörük als Nomaden unterwegs. Sie leben in schwarzen Zelten aus Ziegenhaar, betreiben Wanderweidewirtschaft und ziehen mit ihren Schaf- oder Ziegenherden zwischen den Winterweidegebieten, den kışlaks, die sich nahe der Mittelmeer- oder Ägäisküste befinden und den Sommerweiden, den yaylas, in den Hochlagen des Taurusgebirges hin und her.

Die ursprüngliche Lebens- und Wirtschaftsweise der Yörük ist der Bergnomadismus, auch wenn die meisten von ihnen aus den verschiedensten Gründen in den vergangenen zwei Jahrhunderten seßhaft geworden sind. Daher gibt es überall in der Süd- und in der Südwesttürkei Siedlungen, die entweder von den Yörük gegründet worden sind oder in denen heute Yörük mit nomadischen Wurzeln als Bauern, Handwerker oder Geschäftsleute unter der türkischen bäuerlichen und städtischen Bevölkerung leben. Man schätzt die Gesamtzahl seßhaft gewordener Yörük auf rund eine Million.

Die gesamte Südtürkei ist Winterregengebiet. Zwei Drittel der gesamten Jahresniederschläge fallen dort zwischen November und Februar. Die Zeit zwischen Mitte Mai und Oktober ist indessen von Trockenheit geprägt. Zwischen den Küstenebenen und Gipfelregionen des Taurus liegen bis zu 3000 Meter Höhenunterschied. Dazwischen befinden sich — stockwerkartig übereinander — unterschiedliche Naturräume. Die Wanderzyklen und die Weidenutzung der Yörük orientiert sich an den unterschiedlichen Temperaturen und Vegetationsperioden in den verschiedenen Höhenstufen des Taurusgebirges.

Bis um die Jahrhundertwende umfaßten die Lagerplätze der Yörük nicht selten 20-100 Zelte und Familien. In einem solchen Lager lebten dann ungefähr 150-800 Personen. Die einzelnen Lagerverbände setzen sich aus Familien (*aile*) und lineages (*kabile*) zusammen, Teilen der großen Yörük-Stämme (*aşiret*). Doch solche Lagerplätze, deren Umgebung während mehrerer Monate zusammenhängende Weideflächen für tausende von Schafen und Ziegen sowie ausreichendes Wasser und Brennholz liefern können, sind heute durch die Flächenexpansion der bäuerlichen Landwirtschaft und der geschützten Waldbestände rar geworden. Winter- und Sommerlager bestehen daher oft nur noch aus einzelnen, höchstens einer handvoll Zelten, die jeweils von einer Familie bewohnt werden.

Um von der Schaf- und Ziegenzucht wirtschaftlich gut leben zu können, muß sich eine Familie heutzutage eine Herde von mindestens 200 bis 250 Tieren halten. Esel, Pferde und Kamele sind in den Gebirgsregionen als Lasttiere immer noch unersetzlich. Trotzdem wer-

S. 105: Im Sommer erfolgt der Weidegang mit den Schafen nachts. Vorher werden die Mutterschafe gemolken.
Provinz Afyonkarahisar 1993

S. 106: Nach dem Melken und Tränken der Herde führt der Hirte sie auf die Weide. Diese aus etwa 800 Schafen und einigen Ziegen bestehende Herde gehört zwei Yörük-Familien. Unterhalb der *yayla* sind die Felder einer Hochebene zu erkennen, von der aus ein drei- bis vierstündiger Fußmarsch zu den Zelten führt.
Provinz Afyonkarahisar 1993

den für den Transport der Zelte und des Hausrates immer öfter Traktoren und Lastwagen eingesetzt, die ihre Fracht über holprige Bergpisten soweit wie möglich und vor allem aber schneller transportieren können. Weil große Herden auf ihrem oft hunderte von Kilometern langen Zug von den Winterweiden zu den Sommerweiden große Flurschäden in den Agrargebieten der Bauern anrichten würden, transportieren die Yörük heute über große Entfernungen immer öfter mit gemieteten oder eigenen Lastwagen und mit der Eisenbahn ihre Herden.

Die zwischen 1800 und 2700 Meter hoch gelegenen Sommerweiden verlassen die Yörük meist schon Anfang oder Mitte August. Diese sind nach einem dreimonatigen Aufenthalt kahlgefressen und das Wasser der Karstquellen und der Zisternen geht langsam zur Neige. Voraussetzung für den Aufbruch ist, daß die Getreide- und Tabakfelder der tiefer gelegenen Beckenlandschaften bereits abgeerntet sind, denn die Stoppelfelder werden von den Herden auf dem langen Weg Richtung Meer als Weiden benötigt. In der Regel entsteht in 1000 bis 1500 Meter Höhe zur Rast ein mehrwöchiges Herbstlager, das *güzlek*.

Zwischen Oktober und März leben die Yörük im *kışlak*, dem Winterlager, in der Nähe des Meeres. Die küstennahen Gebiete bieten aber heute mehr als nur gute Weideflächen für die Yörük: aufgrund ihres milden Klimas und der großen, maschinell nutzbaren Ackerflächen mit guten Böden, gehören sie zu den besten landwirtschaftlichen Anbauregionen und zu den Hauptzielgebieten des Tourismus in der Türkei. Zwischen dem Meeresspiegel und etwa 500 Metern Höhe werden vor allem Zitrusfrüchte, Gemüse in Gewächshäusern und Baumwolle angebaut. Es kommt im Winter nie zu Schneefällen und Nachtfröste sind äußerst selten. Tagsüber steigen jedoch die Temperaturen auf 16°C bis 23°C. In den Wintermonaten kommt es deshalb zu einer Flächennutzungskonkurrenz zwischen seßhaften Bauern und Yörük, die auf ausreichende Weideflächen angewiesen sind.

Die traditionellen Winterweidegebiete der Yörük befinden sich heute fast ausschließlich in Besitz der seßhaften Bauern oder sind Gemeindeeigentum der Dörfer. Die Yörük haben Mühe, ausreichende Weiden zu finden, für die sie oft eine sehr hohe Weidepacht entrichten müssen. Für die Nomaden stellt dies eine enorme finanzielle Belastung dar, für die Dörfer der Bauern aber eine wichtige und nicht mehr wegzudenkende Einkommensquelle. Sowohl die Winterweiden als auch die Sommerweidegebiete werden heute meistbietend verpachtet und die Yörük bemühen sich um mehrjährige Pachtregelungen am selben Ort nicht zuletzt deshalb, weil ein ständiger Wechsel auch Rivalitäten und Konkurrenzen zwischen den einzelnen Familien herausfordert.

Im Frühjahr, wenn der Taurus noch schneebedeckt ist, brechen die Yörük ihre Winterlager ab und ziehen entlang festgelegter, traditioneller Wanderwege etappenweise durch die Gebirgstäler den Sommerweiden, den *yaylas*, entgegen. Die Täler werden meist mit dem Anbau von Obstbäumen genutzt und in den Hanglagen wachsen Eichen- und

Schwarzkiefernwälder. Langsam wird es milder und der Schnee schmilzt, so daß sich die saftigen frischen Weiden allmählich immer höher im Gebirge finden. Wenn irgend möglich versuchen die Yörük unterhalb der Waldgrenze ein kurzes Frühjahrslager, das *yazlak*, aufzuschlagen, denn in dieser Höhe gibt es noch genügend Brennholz und Wasser und plötzliche Kälteeinbrüche fordern weniger Verluste unter den frühgeworfenen Lämmern und Zicklein. Die *yaylas* werden Mitte Mai erreicht und dort bleibt man im angenehm kühlen Bergklima den ganzen Sommer über.

Die Zeit auf der *yayla* ist wirtschaftlich betrachtet die wichtigste des Jahres. Nach der Geburt der Lämmer und Zicklein geben die Muttertiere Milch und damit beginnt auch die Herstellung von Käse, Butter und Yoghurt. Die Milchverarbeitung, das Spinnen der Wolle und die Herstellung von Teppichen und Zelten wird von den Frauen der Yörük ausgeführt. Ihre Milchprodukte verkaufen sie regelmäßig auf den Wochenmärkten in den tiefergelegenen Dörfern, wo sie sich selbst mit Getreide, Gemüse und Obst eindecken.

Eine Familie schlachtet für sich selbst im Laufe des Jahres in der Regel nicht mehr als ein Dutzend Schafe oder Lämmer aus der eigenen Herde. Die Männer kümmern sich um die Pflege und Zucht der Tiere, die Schur der Wolle und sie hüten jede Nacht das Vieh. Die Reproduktionsfähigkeit ihrer Herden beträgt auch nach Abzug der Lämmerverluste durch Kälte, Krankheiten oder Raubtiere immer noch etwa 70 % pro Jahr. Eine solche Rendite mag auf den ersten Blick sehr hoch erscheinen. Durch Seuchen oder Viehdiebstahl kann eine Yörük-Familie jedoch unvermittelt ihre ganze Herde verlieren. Die Yörük verkaufen ihr Vieh hauptsächlich vor den islamischen Feiertagen auf den Märkten, nachdem es den Sommers über auf der *yayla* groß und kräftig geworden ist. Manche Yörük erledigen heute ihre Geschäfte von den Dörfern aus per Telefon, um so ganze Herden über die Exporthäfen im Südosten der Türkei in die arabischen Länder des Vorderen Orients verkaufen zu können.

Weil Hausrat und Herden immer häufiger innerhalb eines Tages per Lastwagen auf die *yayla* und von dort wieder ins Winterlager transportiert werden können, verlängert sich der Aufenthalt und die Weidezeit auf der *yayla* zwar bis zu einem Monat, doch droht durch diese Weidezeitverlängerung die Überweidung.

Ursprünglich waren die meisten der heutigen *yayla*-Gebiete im Taurus oberhalb 1300 bis 1600 Metern mit Tannen, Zedern und Baumwacholder bewachsen — die natürliche Baumgrenze liegt im Taurusgebirge um 1900 bis 2200 Meter. Die meisten der heute überwiegend baumlosen Hochweiden im Taurus sind das Resultat von Totalrodungen, die oft bereits in der Antike oder im osmanischen Mittelalter stattfanden. Zudem deckten bis in die 60er Jahre die Bewohner der tiefergelegenen Bergdörfer durch Holzeinschlag ihren Bedarf an Bau- und Brennholz, ohne daß eine Wiederaufforstung stattfand.

S. 108: Neben ihren Arbeiten mit den Viehherden suchen viele Yörük sich zusätzliche Verdienstmöglichkeiten wie etwa durch den Anbau oder die Ernte von Baumwolle.
Provinz Denizli 1991

S. 107: Dromedarhengst vor Schwarzem Zelt. Der Esel im Hintergrund trägt Wasserkanister in einer Satteltasche.
Stamm der Sarıkeçili, Provinz Afyonkarahisar 1993

Fachmännisch wird das Fell vom Körper des geschlachteten Hammels abgelöst.
Stamm der Sarıkeçili, Provinz Afyonkarahisar 1993

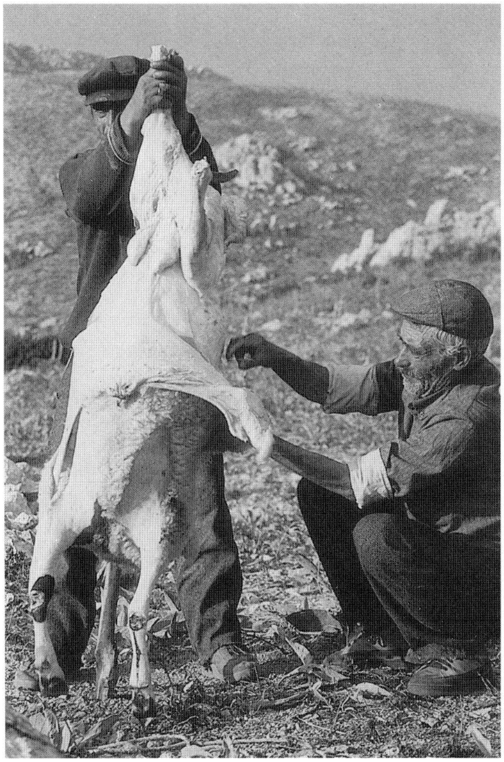

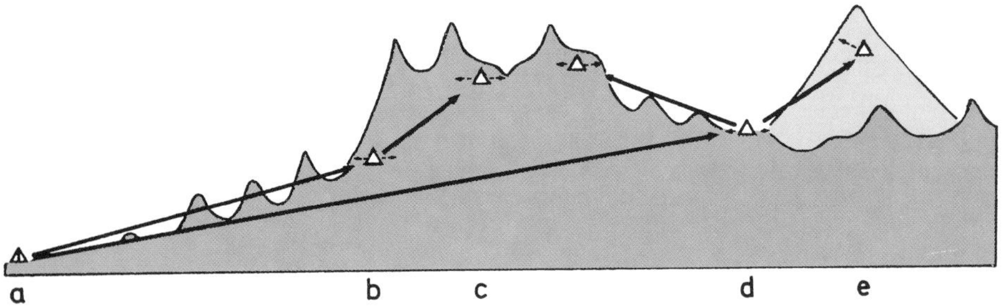

a) Von Winterweiden im Gebirgsvorland (a) führt die Wanderung zu Frühjahrsweiden (b, d) und weiter zu den Hochsommerweiden auf den Gebirgsketten (c) oder Binnenlandmassiven (e). Teilstamm oder Sippe wandern in geschlossener Gruppe.

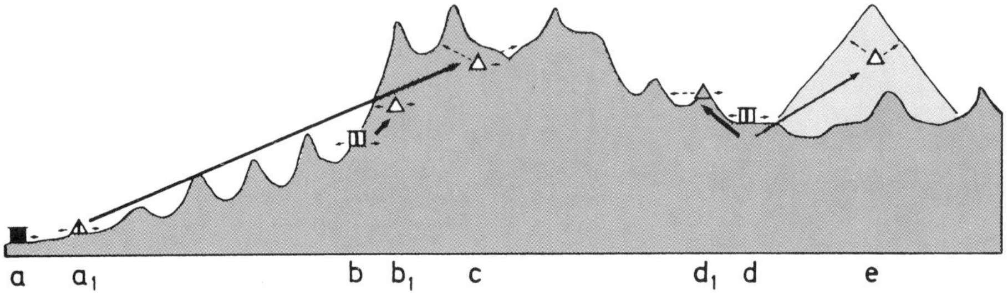

b) Einzelne Stammesteile lassen sich im Winterweidegebiet permanent nieder (a), andere behalten die große Wanderung noch bei (a_1 – c), andere siedeln sich in Winterdörfern im Bereich der Frühjahrsweiden an (b, d), behalten aber die gruppenweise Yaylawanderung (b_1, d_1) bei oder schicken mindestens Hirtenfamilien auf die Yayla (d—e).

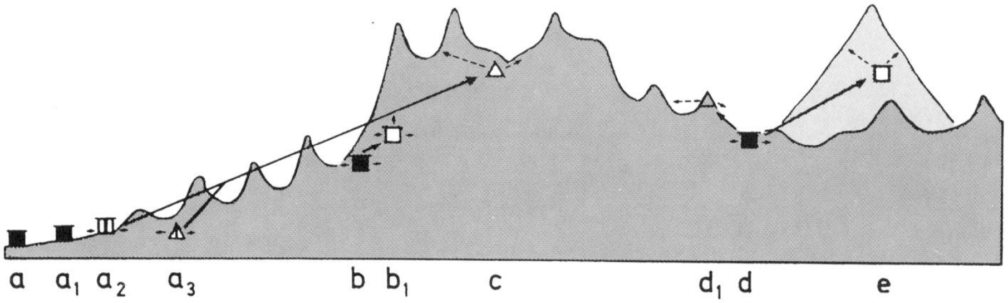

c) Schließlich ist die Mehrzahl fest angesiedelt (a, a_1, b, d), von den Gebirgsansiedlungen aus wird jedoch die sommerliche Wanderung zu den Yaylas von vielen Familien beibehalten (b—b_1, d—e), wobei auf den Yaylas zunehmend die Zelte durch Sommerhäuser ersetzt werden. Nur einzelne Familien setzen die große Wanderung fort (a_3 —c), wobei sie auch im Gebirgsvorland zu festen Behausungen übergehen (a_2).

Der weiteren Zerstörung des alpinen Ökosystems durch auf die Rodung folgende Erosion, Austrocknung und Verarmung der natürlichen Vegetation soll heute durch strenge Waldschutzgesetze und Wiederaufforstung entgegengewirkt werden. In keinem anderen mediterranen Land wird neuerdings soviel aufgeforstet wie in der Türkei. Dabei steht nicht allein die Bekämpfung der Erosion und die Versorgung des Landes mit Holz im Vordergrund, sondern auch die Wasserversorgung der Städte, vor allem in den Touristengebieten des Küstenraumes. Wälder verhindern den schnellen Abfluß der Niederschläge und damit die Austrocknung der Gebirgslandschaften. Bei jährlicher Beweidung ist aber der Erfolg solcher Wiederaufforstungsmaßnahmen erschwert.

Da Ackerbau in den Höhen aufgrund des Reliefs, niedriger Temperaturen, kurzer Vegetationsperioden und Wassermangels nicht mehr möglich ist, sind die Forstwirtschaft und der Bergnomadismus die einzigen Entwicklungspotentiale der *yayla*-Regionen. Allerdings besteht ein Flächennutzungs- und Interessenkonflikt zwischen beiden Ansprüchen. Für die Belange einer angepaßten Form der Weidenutzung und der Wiederaufforstung gilt es hier einen Mittelweg zu finden.

George Mayer

S. 110: Schema des Bergnomadismus und des Seßhaftwerdungsprozesses in der Türkei.

Der Esel schleppt die mit Wasser prall gefüllten und fest verschnürten haarlosen Ziegenbälge (*su tulumu*) von der Quelle zum Zelt. Durch die feinen Öffnungen, in denen die Haare gesessen haben, dringt ständig ein wenig Wasser aus dem Balg, das in der Sommerhitze verdunstet. Durch die dabei entstehende Verdunstungskälte bleibt das Wasser stets angenehm kühl. Um dem Wasser auch einen guten Geschmack zu sichern, werden die Wasserbälge von den Frauen einem speziellen Gerbverfahren mit mehrfacher Verwendung von Baumrinden unterworfen.
Stamm der Karaevli, Provinz Adana 1957 (U.J.)

Yörük und Fremdherrschaft

Politik zwischen Verfolgung und Förderung

Von den zwei großen türkisch-sprachigen Nomadenvölkern, Yörük und Turkmenen, kam vor allem den Yörük für die osmanischen Eroberungsfeldzüge im 14. und 15. Jahrhundert Bedeutung zu. Yörük-Heereseinheiten, die in das osmanische Heer eingegliedert waren, stießen auf den Balkan vor. Dafür gestand die Sultansverwaltung den nomadischen Yörük besondere Rechte zu. Seit dem ausgehenden 16. Jahrhundert sank das Interesse der Sultane an der militärischen Unterstützung der Yörük. Oft wurden sie zu schweren Frondiensten und zur Seßhaftigkeit gezwungen. Seit der Gründung der Republik Türkei 1923 mußte sich das Nomadentum insgesamt mit starken wirtschaftlichen, politischen und gesellschaftlichen Umwälzungen auseinandersetzen. Heute fordern gesetzliche Rahmenbedingungen die Wirtschaftlichkeit und Leistungsfähigkeit nomadischer Gruppen heraus.

In der Gründungsphase des Osmanischen Reichs zu Beginn des 14. Jahrhunderts konnten die Sultane, die teilweise selbst noch als mobile Herrscher in Zelten residierten, nicht auf die Hilfeleistungen nomadischer Gruppen wie der Yörük verzichten. Die Unterstützung bestand hauptsächlich in militärischen Diensten: die Eroberung neuer Gebiete, die Sicherung der Reichsgrenzen, eine innere Landnahme und -erschließung. Dabei ergänzten sich oftmals die Interessen der Sultane und die der Yörük. Nomadenstämme drangen mit ihren Herden bis nach Thrakien, Thessalien und Makedonien in Nordgriechenland und in das Gebiet Südbulgariens vor. Für die Kriegszüge der Sultane mußte ein *ağa*, der in der militärischen Hierarchie der Yörük die Stellung eines Heerführers einnahm, mehrere *ocaklar* (Heereseinheiten) stellen und kommandieren. Sie setzten sich aus einem gut ausgerüsteten Reiter, drei Gabelträgern und zwanzig Gehilfen zusammen. Im Gegenzug gestanden die Sultane einem *ağa* seit Mehmet II. große Rechte und Freiheiten zu, indem sie ihn von der Entrichtung des Zehnten oder der Schafabgabe an einen Feudalherrn entlasteten und die völlige Bewegungsfreiheit im Reichsgebiet gewährten. Noch im 'Yörükengesetz von Saloniki', das Sultan Suleiman II. (1520-1566) erließ, heißt es: "Da die Yörüken wegen ihrer unsteten Lebensweise niemandem Untertan sind, dürfen die Sipahis [feudaler Militäradel] der Länder, wohin sie kommen, sie nicht belästigen, indem sie ihnen Untertanensteuern vorschreiben." Gänzlich waren die Yörük jedoch nicht von Abgaben ausgenommen. Sie entrichteten an die Zentralgewalt, das heißt an das Sultanat, Schaf-, Weide- und Brautsteuer, die sich nach Reichtum und Anzahl der Schafe und Ziegen des Besitzers bemaß.

Und doch warfen die Gesetzesbestimmungen Sultan Mehmets II. Ende des 15. Jh. und die Yörükengesetze Suleimans II. scharfe Gegensätze zwischen Nomaden und Feudaladel auf. Der Adel hatte trotz des sultanischen Verbots immer wieder versucht, den Yörük beim Durchzug seines Hoheitsgebietes Steuern abzuverlangen. Oftmals vertrieben Yörük Bauern von ihrem Wirtschaftsgebiet, um darauf Viehherden weiden zu lassen. Den *sipahis* gingen dabei Renteneinkünfte verloren, die sie von den Bauern eintrieben. Bereits im 14. Jahrhundert bildete sich aus diesem Grund eine Interessengemeinschaft aus Bauern und Feudaladel, die mit nomadischen Gruppen oftmals in kriegerische Auseinandersetzungen verwickelt war und eine Ausbreitung des Nomadentums zu begrenzen versuchte.

Im 'Yörükengesetz', das Suleiman II. erließ, zeichnete sich im 16. Jahrhundert allmählich eine Annäherung der Interessen von sultanischer Zentralgewalt und Feudaladel ab. Folgender Zusatz des Yörükengesetzes artikulierte den Prozeß der Seßhaftmachung von Nomaden in kommenden Jahrhunderten: "... wenn sie dem Nomadenleben entsagen und auf das Yörüklük verzichten, ... und den Ortsvorständen melden, daß sie mehr als zehn Jahre im Dorf wohnen und als *reaya* (Steuerpflichtiger) eingeschrieben sind, dann geben sie nach der Rayavorschrift dem betreffenden *Sipahi resmi* (Steuer)."

Im ausgehenden 16. Jahrhundert schwand das Interesse der Sultane an der militärischen Unterstützung der Yörük. Ihre Heereseinheiten wurden durch Janitscharen (in Militärschulen ausgebildete Krieger) ersetzt. Als Ausgleich für die nicht mehr geleisteten Militärdienste mußten die Yörük harte Frondienste ableisten. Nomadisierende Gruppen, die sich in Küstennähe aufhielten, verpflichtete man etwa dazu, Holz für den Schiffsbau heranzuschaffen. An wichtigen Heeresstraßen hatten Yörük-Abteilungen Ausbesserungsarbeiten oder Wachdienste zu verrichten. In Bergwerken dienten sie als Hilfskräfte. Die Yörük schützten sich bis zu einem gewissen Grad vor staatlicher Willkür und Verfolgung durch ihre Mobilität oder setzten sich mit Waffengewalt zur Wehr. Es fanden immer wieder Fahnenflüchtige und auch Bauern bei den Yörük Zuflucht.

Im 18. Jahrhundert hielten die politischen und sozialen Ideen der Aufklärung in das Osmanische Staatssystem Einzug. Sultane wie Selim III. (1789-1807) und Mahmut II. (1808-1839) reformierten nach dem Vorbild einer modernen Staatsnation weite Teile des politischen und gesellschaftlichen Lebens, um den seit dem 16. Jahrhundert andauernden staatlichen Zerfall aufzuhalten. Bedeutende Korrekturen wurden im Regierungssystem, in der Besteuerung, Verwaltung und im Justiz- und Schulsystem unternommen. Vorrangiges Motiv war, die Reformbestrebungen auf die Vielzahl an ethnischen (Kurden, Armenier, Griechen, Araber etc.) und religiösen Gruppen (Christen, Juden etc.) auszudehnen. Man versuchte die Maßnahmen auch bei den Yörük —

oftmals mit militärischem Druck — durchzusetzen. Osmanische Soldaten steckten schwarze Zelte in Brand, um deren Bewohner später zwangsanzusiedeln. Die Bevölkerung sollte der staatlichen Kontrolle unterzogen werden. Besonders Sultan Abdulhamid II. trieb Mitte des 19. Jahrhunderts den Prozeß der Seßhaftmachung von Nomaden voran.

Neue Perspektiven im Wandel der Zeit

Im 20. Jahrhundert nahm der Druck auf die nomadische Lebensform neue Konturen an. Industrialisierung, Ausdehnung der landwirtschaftlichen Anbaufläche, Rechtsstaatlichkeit (besonders nach der Ausrufung der Republik 1923), zunehmende Politisierung der Gesellschaft und nicht zuletzt die neue Gesetzgebung beeinflußten nachhaltig die Lebensform des Nomadentums und somit auch die Wirtschaftsweise der Yörük.

Die Bodengesetze aus dem Jahr 1935 ermöglichten Dorfbewohnern, über den Siedlungen gelegene Gebiete an nomadisierende Gruppen zu verpachten. Oftmals sind selbst die Bewohner eines Dorfes gezwungen, Land von einem Großgrundbesitzer in Pacht zu nehmen. Das Bodenreformgesetz von 1945 sowie das Gesetz zur Landreform von 1973, die in Sachen Grundbesitz Gerechtigkeit hätten herstellen sollen, wurden aufgrund des großen politischen Einflusses der Großgrundbesitzer lahmgelegt. Die finanzielle Belastung durch die Zahlung einer Weidepacht hatte schließlich zur Folge, daß viele Yörük-Familien neben der Wanderviehwirtschaft zusätzlich Ackerbau betreiben oder einem Nebenerwerb nachgehen mußten.

Den Trend zur teilweisen oder vollständigen Seßhaftwerdung beschleunigten zwei weitere Gesetzesartikel: So schreibt die Verfassung der türkischen Republik einen regelmäßigen Schulbesuch von 5 Jahren vor (Art. 42 Abs. 5). Yörük-Familien sind dadurch gezwungen, sich in der Nähe größerer Ansiedlungen aufzuhalten. Dabei gehen ihnen Weidemöglichkeiten für die Herden verloren. Andernfalls versorgt ein Elternteil an einem festen Wohnsitz die Kinder oder sie werden in die Obhut von Verwandten oder Bekannten gegeben, damit sie die Schule besuchen können. Die Belastung durch die Schulpflicht wird kaum dadurch erleichtert, daß Landkinder offiziell 30 Tage länger Ferien haben, um bei der Ernte bzw. auf der *yayla* auszuhelfen. Eine weitere Schwächung der Wirtschaftlichkeit der nomadischen Lebensform beinhaltet das Gesetz zum Heeresdienst (Art. 72). Während die jungen Männer militärische oder zivile Pflichtdienste ableisten, fehlen sie bei den Wanderungen als Arbeitskräfte.

Blick in die Zukunft

Die türkische Republik wird zu den halbindustrialisierten Schwellenländern gerechnet. Die Regierung unternimmt alle Anstrengungen, um

Der staatliche Veterinär beim Impfen der Schafe. Die Herde wird zu einem schmalen Durchgang getrieben, so daß Tier für Tier angehoben und vom Tierarzt gespritzt werden kann. Seine Dienste sind für die Yörük wie für andere Viehzüchter kostenlos, lediglich die Kosten für die Anfahrt zu ihren Lager- und Weideplätzen haben sie zu tragen.
Stamm der Güzelbeyli, Provinz Denizli 1986

S. 117: Mokkatassen im selbstgefertigten Transportbehälter mit Webtasche.
Sammlung Johansen des Hamburgischen Museums für Völkerkunde

S. 118: Gewobener Kleidersack mit seitlichen Befestigungsbändern.
Sammlung Johansen des Hamburgischen Museums für Völkerkunde

S. 119: Gewobene Satteltasche, die von Menschen wie von Packtieren getragen wird und auch auf dem Gepäckträger von Fahrrädern und Motorrädern eingesetzt wird.
Sammlung Kunze

die Modernisierung von Wirtschaft und Gesellschaft voranzutreiben und internationalen Anschluß zu finden. Grundlage bietet dafür die assoziierte Mitgliedschaft in der EU, oder auch ein größeres Engagement in den turksprachigen Staaten der ehemaligen UdSSR. Die türkische Verfassung legt dabei die gesetzlichen Rahmenbedingungen (Art. 166, 167) fest. Die Regierung bemüht sich um das Funktionieren und die Ausgeglichenheit der Warenmärkte. Jedoch fehlt von gesetzgeberischer Seite ein Minderheitenartikel, der den wirtschaftlichen und politischen Besonderheiten der Wanderviehwirtschaft gerecht wird. Die Yörük sehen sich gezwungen, sich diesen Verhältnissen anzupassen und beispielsweise als Familienunternehmen oder Kooperativen einzelner Familien am Marktgeschehen teilzunehmen und sich zu behaupten: Zeltbahnen werden in einer Art Manufakturbetrieb hergestellt und in arabischsprachige Länder exportiert und es besteht ein reger Außenhandel mit Ziegen und Schafen. In wohl absehbarer Zeit könnten Yörük auch Marktanteile in den turksprachigen Staaten der ehemaligen UdSSR gewinnen.

Martin Beck

Haus aus Ziegenhaar

Konstruktion und Wohnkultur des schwarzen Zeltes

Das bewegliche Haus steht im Zentrum nomadischen Lebens. Die Tiere der Yörük liefern das Material für Dach und Wände, die Frauen verstehen sich in der Kunst der Herstellung; sie 'bauen' das Haus. Doch wie die nomadische Lebensweise selbst, unterliegt auch Produktion und Beförderung des Schwarzen Zeltes den verändernden Einflüssen der Moderne.

Das Wort für Zelt — *çadır* — benennt eigentlich nur das Zeltdach, das schwerste und größte Teil des Zeltes, das auch als das Hauptstück angesehen wird. Als Webmaterial für das Zelt wird schwarzes Ziegenhaar verwendet, denn Ziegenhaar ist dicker und steifer als Schafswolle. Die Vorteile gegenüber der mit Schafwollfilz überzogenen Jurte ist das schnelle Trocknen des Gewebes nach einem Regenschauer sowie die Licht- und Luftdurchlässigkeit. Außerdem fängt die harte Ziegenwolle selten Feuer. Das Gewicht des fertigen Zeltdaches beträgt je nach Größe cirka 60 bis 250 kg, es hat eine Länge von 4 bis 9 Metern sowie eine Breite von 3 bis 5 Metern. Es wird aus fünf, bei großen Zelten aus sieben 50 bis 100 cm breiten Bahnen zusammengefügt, die traditionellerweise von Frauen an einem senkrecht angebrachten Webstuhl gewebt werden. Gegen Verschleißerscheinungen werden an den Ansatzstellen der Zeltstangen in Querrichtung Verstärkungsbänder in die Unterseite des Daches genäht. Das überwendliche Zusammennähen der Bahnen geschieht mit einem von den Frauen gedrehten Wollfaden. Die einzelnen Bahnen werden von zwei Männern gleichzeitig zusammengenäht, und zwar von der Mitte aus nach beiden Seiten. An den Schmal- und Längsseiten werden Randstreifen genäht. Das Dach des Zeltes gleicht im Grundriß einem Giebeldachhaus. Für die Seitenwände benutzt man ausgediente Dachbahnen, da sie weder dem Regen noch der Spannung der Stricke standhalten müssen. Ein doppelt gelegter Randstreifen um die Außenseiten des Daches dient der Befestigung der Seitenstücke, die mit Holznadeln, heute auch Metallnadeln oder mit Hilfe von Ösen zusammengehalten werden.

Heutzutage kaufen immer mehr Yörük-Familien ihre Zeltbahnen in kleinen Manufakturen, wo sogar Männer die Webearbeit verrichten. Früher war die Eigenherstellung durch viele helfende Hände in den großen Familien erleichtert; daß sich heutzutage die Yörük-Mädchen kaum für die Weberei interessieren, begünstigt den Kauf der Zeltbahnen obendrein.

Zum Gerüst des Zeltes gehören meistens drei Zeltstangen. In der Mitte des Zeltes steht die 'Hauptstange', circa 2 m hoch, manchmal durch Schnitzereien verziert. Über ihr liegt ein leicht gekrümmtes

Das mit drei Pfosten gestützte Firstzelt ist die am weitesten verbreitete Zeltform bei den Yörük.
Stamm der Sacikaralı, Provinz Denizli 1993

S. 120: Kelim aus der Region von Antalya.
Sammlung des Völkerkundlichen Instituts der Universität Tübingen

Kuppelzelte aus schwarzem Ziegenhaar in der Gegend von Mut.
Provinz İçel (Mersin) 1989

S. 123: Weben einer Zeltbahn in Leinwandbindung auf dem transportablen Webstuhl. Der Schuß wird mit einem eisernen Webkamm festgeschlagen.
Stamm der Karaevli, Provinz Adana 1957 (U.J.)

Auf dem neu hergestellten Spulrad werden zwei dünnere Ziegenwollfäden verzwirnt, so daß sie die richtige Dicke für die Kette einer Zeltbahn haben.
Stamm der Karaevli, Provinz Adana 1957 (U.J.)

Firstholz mit einem geschnitzten Loch in der Mitte, in das die Spitze der Stange eingelassen wird. Diese Hauptstange mit dem Firstholz gibt dem schwarzen Zelt seine charakteristische, in der Mitte überhöhte Form. Die Stricke, die das Zeltdach gespannt halten, sind an Pflöcken, die in den Boden geschlagen werden, befestigt.

Am Zelt sind diese Seile um ein Winkelholz verknotet, die außen an den Verstärkungsbändern angenäht sind. Um die senkrechte Form des Zeltes zu festigen, führen Yörük ein paar der mindestens 8 Stricke über hohe Gabeläste und verspannen sie zusätzlich.

Meist sind es Frauen, die die Zelte aufschlagen. Sie breiten zuerst die Zeltdecke auf dem gesäuberten Erdboden aus. Die Zeltstangen sind schon zuvor an den entsprechenden Stellen daruntergelegt. Dann werden die Zeltpflöcke, zunächst die rechts und links des Hauptgurtes, in die Erde geschlagen, wobei die Abstände mit sicherem Augenmaß ohne Mühe abgeschätzt werden.

Eine Frau kriecht von vorne unter die Zeltdecke, steckt die vorderste Stange in die ihr zugehörige Öse und richtet das Dach etwas hoch. Eine zweite Frau kommt ihr zu Hilfe, um nun die Hauptstange hochzustellen. Zum Schluß setzt man die übrigen Stangen. Durch Nachziehen der Stricke an den Winkelhölzern und Nachstützen der Stangen erhält das Zelt seine Festigkeit.

Der Erdboden wird nun mit Geweben und Filz- und Webteppichen ausgelegt und die weiteren Einrichtungsgegenstände untergebracht.

Das Aufrichten eines Zeltes ist für die Yörük eine feierliche Angelegenheit, und zwei Frauen brauchen ungefähr 30-45 Minuten, um ein schwarzes Zelt auf- oder abzubauen. Um das Zelt herum wird im Winter eine Rinne gegraben, damit das Regenwasser ablaufen kann.

Für den Transport des Zeltes breiten die Yörük-Frauen das Dach mit den Seitenteilen auf dem Erdboden aus und rollen die Bahnen von zwei Seiten zur Mitte hin zusammen. Die Zeltstangen wickeln sie in

Das Zusammennähen der straff gespannten Zeltbahnen mit dem rauhen Ziegenwoll-Faden ist Männersache. Auf dem Bild entsteht das Dach des in der Yörük-Ausstellung gezeigten Zeltes.
Stamm der Karaevli, Provinz Adana 1957 (U.J.)

die Bahnen ein. Die Last wird auf einen Esel, ein Pferd oder — heute seltener — ein Kamel geladen, so daß die beiden Hälften mit je einem Stangenbündel links und rechts herabhängen und mit den Zeltstricken festgeschnürt werden können. Bei großen Zelten muß die Last durch Abtrennung der Seitenbahnen geteilt werden. Mittlerweile ersetzen viele Yörük die Lasttiere durch eigene oder gemietete Traktoren, Autos und LKWs.

Ein Yörük-Zelt trennt eine unsichtbare Linie in der Mitte. Diese verläuft von der hinteren Längswand an der Mittelstange vorbei zur Vorderwand. Von der Vorderseite her gesehen liegt oft links die Männer-, Gäste- und Aufenthalts-, rechts die Frauenabteilung mit Feuerstelle, Koch- und anderen Haushaltsgeräten.

Wenn man die Schuhe ausgezogen hat und in ein Zelt tritt, fallen einem bunte Gewebe, die an der hinteren Zeltwand gestapelt sind, auf. Es handelt sich hier um Websäcke, welche Kleider und kleinere Ge-

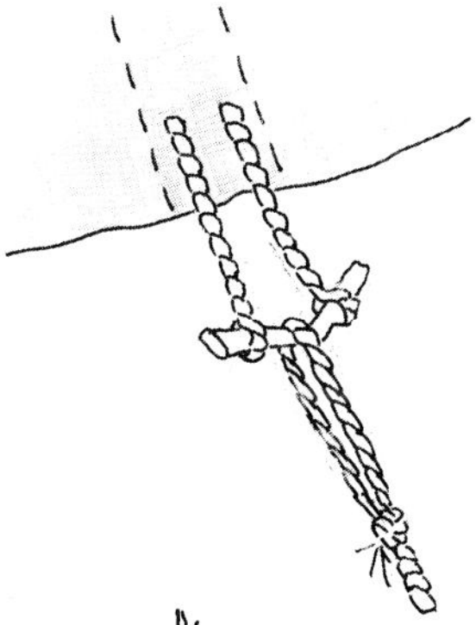

◁ Winkelholz mit Spannseil am Verstärkungsband angenäht

▽ Vereinfachter Grundriß eines Zeltdaches mit fünf Zeltbahnen, zwei Randstreifen, drei Zeltstangen und Verstärkungsbändern

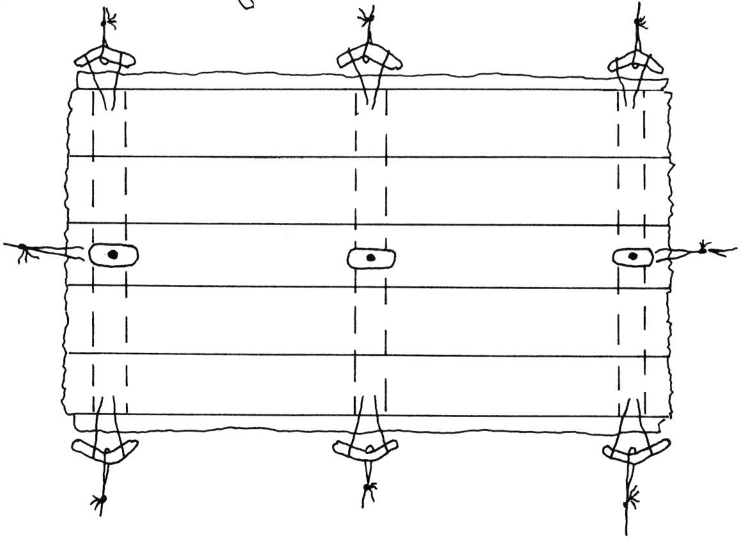

Firstholz für Zeltstange

Verstärkungsbänder

Winkelholz für Spannseile

Verpacken des Zeltes:

1. Zeltdach am Boden ausgelegt

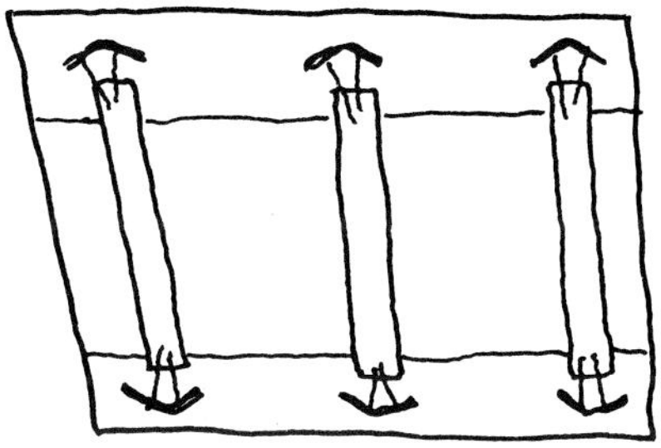

2. Eine Seite eingeklappt

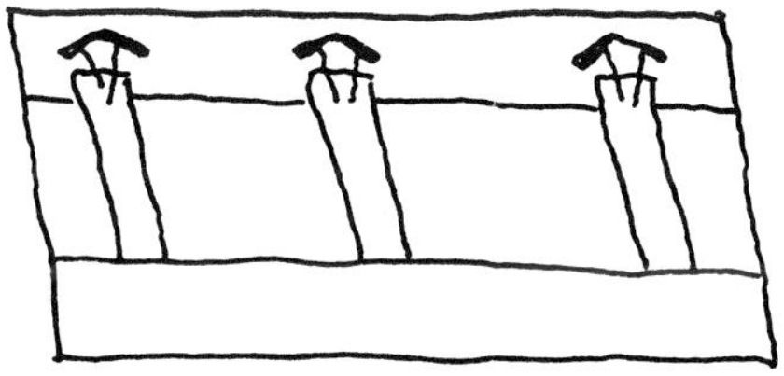

3. Zweite Seite eingeklappt

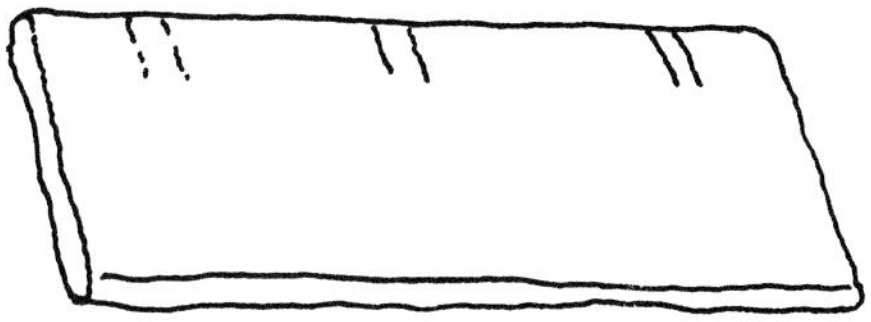

4. Zeltenden zum Transport mit Stöcken eingedreht

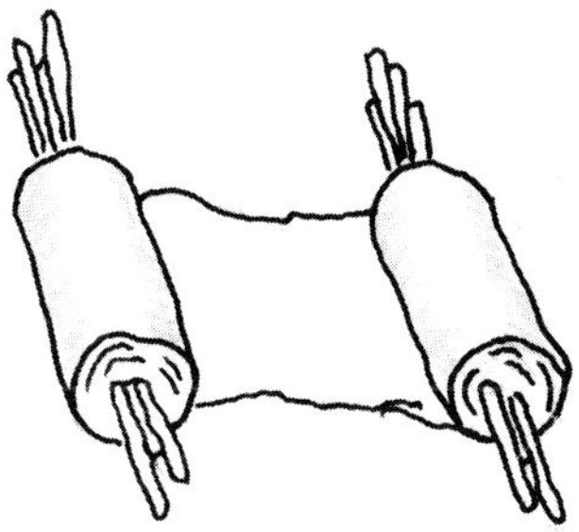

Beim Beladen eines Dromedars mit gewobenen Säcken und den Zeltbahnen.
Stamm der Karaevli, Provinz Adana 1957 (U.J.)

genstände aufnehmen. Sie sind auf der Vorderseite in Längs- oder Querrichtung reich mit Mustern versehen. Die Ausgestaltung und Farbgebung dieser Muster hängt von der Stammeszugehörigkeit ab und wird an junge Mädchen von älteren Frauen weitergegeben. Säcke für Lebensmittel (Getreide, Mehl, Bohnen etc.) weisen selten reiche Ornamente auf und sind in wenigen, oft weiß-braunen Farben gehalten. Gegen Feuchtigkeit stellt man sie auf Steine oder legt Reisig darunter. Ebenso werden auf der Zeltrückseite die buntgemusterten Matrazen und Decken verstaut, die nachts als Bettzeug dienen.

Die vordere Längsseite des Zeltes bleibt frei. Einige, etwa einen Meter hohe Stöcke auf der Innenseite verhindern eine Beschädigung der Zeltwand an der Feuerstelle. Dies wird manchmal auch von eng geflochtenen Schilfmatten erreicht, die zusätzlich noch dem Schutz vor Zugluft und Staub dienen.

Im Frauenabteil findet sich alles, was die Frauen für ihre Tagesarbeit brauchen: der Wasserbalg bzw. Kanister und natürlich das Küchengerät wie das Backblech, auf dem sie die dünnen Brotfladen backen. Zum Weben verwenden sie einen senkrechten Webstuhl, der sich oft im Zeltinnern befindet und auf dem die Säcke für Hausrat und Lebensmittel, Satteltaschen, Kissen und Kelims gewebt werden. Durch ihre vielfältigen Tätigkeiten — Melken, Käseherstellung, Kinderbetreuung, Weben, Kochen, Zelt reinigen, Brennmaterial sammeln — sind die Frauen den ganzen Tag ausgelastet. Auf der Männer- und Gästeseite des Zeltes findet man die Kamel- oder Eselsättel sowie größere Gebrauchsgegenstände der Männer.

Hier schlafen die Familienmitglieder und, wenn vorhanden, Gäste. Auch im Männerteil ist eine Feuerstelle, auf der dem Gast der Willkommenstrunk — Tee oder Kaffee — in kleinen Gläsern bereitet wird. Dieser Teil des Zeltes besitzt — als Empfangsraum — eine wichtige Funktion. Anläßlich von Besuchen folgt die Sitzverteilung nicht selten einer verborgenen Randordnung. So sitzen auf der unsichtbaren Trennungslinie zur Frauenseite bei einigen Stammesgruppen das Familienoberhaupt und seine Söhne, so daß nur sie sich umdrehen und mit den Frauen sprechen können oder in Anwesenheit von fremden Männern das Essen zum Auftragen reichen. Der Patron sitzt mit dem Rücken zur Zeltstange und begrüßt die Gäste ihrem Alter und Rang gemäß.

Kommen Frauen zu Besuch, werden sie meist im Frauenabteil empfangen und dort ohne Beachtung der Rangordnung begrüßt. Niemand hat etwas dagegen, wenn sie bei der Arbeit helfen. Manche Frauen werden auch nur mit der freundlichen Einladung 'Komm, setz Dich' begrüßt, Ausdruck für die sprichwörtliche Gastfreundschaft der Nomadenfamilien.

Ingo Ala'u din Zimmermann

Beim Auftreten von Windböen oder einem Regenschauer muß die Zeltverspannung oder die Plane über dem Zeltdach kontrolliert und nachgebessert werden. Provinz Afyonkarahisar 1991

Heutzutage werden die Schwarzen Zelte in der kalten und regnerischen Herbst- und Wintersaison öfters mit Plastikplanen überdeckt. Dies hat zum Zweck, das Durchdringen von Regen zu verhindern, obwohl durch ein relativ neues und gut aufgebautes Ziegenhaarzelt kaum Wasser sickern kann. Da die nomadischen Yörük statt mit einem offenen Feuer, das das Zeltdach zusätzlich imprägniert, dessen Rauch aber stört, immer häufiger mit Öfen heizen, bedeutet eine Plane zusätzliche Isolierung.
Provinz Afyonkarahisar 1991

Vorderer Orient · Nomadenzeltformen *Middle East · Nomad Tent Types*

Nomadenzeltformen (Daten von 1960-1975)
Nomad tent types

Zeltformen / *Tent types* — Materialien / *Materials*	Filz *Felt* 1)	Filz *Felt* 2)	Ziegenhaar *Goat hair* 1)	Ziegenhaar *Goat hair* 2)	Schilf- oder Palmmatten *Vegetable fibre or palm matting* 1)	Schilf- oder Palmmatten *Vegetable fibre or palm matting* 2)
Gestellzelte *Framed tents*						
Gitterzelt ("Jurte") *trellis tent (»yurt«)*	●	●				
Gitterzelt, zweirangig *trellis tent, two tiers*	●				●	
Gitterzelt, zweirangig, gespitzt *trellis tent, two tiers, pointed*	●					
Rippenzelt, kuppelartig, ohne Gitter *rib tent, domed, without trellis*	●				●	
Rippenzelt, Kegeldach auf Pfahlwand *rib tent, conical roof on wall stakes (»chapar«)*					●	
Tunnelzelt *bender tent (tunnel-shaped)*	◓		◓		◓	◓
Tunnelzelt mit verstärkten Wänden *bender tent with consolidated wall*			◓		◓	◓
Tunnelzelt mit Seitenapsiden *bender tent with apsidal annexes*	◓		◓			
Zelt aus Tunnelgewölbe auf Wandgestell *vaulted tent with distinct wall frame*	◓				◓	
Bogenstangenzelt *arched tent*			◓	◓	◓	◓
Flächentragzelte *Velum tents*						
Firstzelt, lange Achse entlang der Zeltbahnen *ridge tent, long axis along cloth seams*			▲	▲		▲
Balkenfirstzelt mit unterbrochenem First *ridge-bar tent (interrupted ridge)*			▼			
Balkenfirstzelt mit unterbrochenem First, Fläche in zwei Hälften *ridge-bar tent (interrupted ridge), velum in two halves*			▼			
Mittelfirstzelt, Achse entlang der Zeltbahnen *short-ridged tent, axis along cloth seams*			▲	▲		
Spitzenzelt mit internen Stangenspitzen *multi-peaked tent with pole tops under velum*			■		■	
Spitzenzelt mit ggf. eingesetzten Bogenstangen *multi-peaked tent with optional arched support*			■		■	
Spitzenzelt mit gekürzten Bogenstangen *multi-peaked tent with reduced arch-support*			■			
Spitzenzelt mit herausstehenden Stangenspitzen *multi-peaked tent with protruding pole tops*			■	■		
Spitzenzelt mit hervorragendem Vorderspriet *multi-peaked tent with salient front sprit*			■			
Stangenfirstzelt, durchgehender First entlang der Zeltbahnen *ridge-pole tent, continuous ridge along cloth seams*			◆			◆
Stangenfirstzelt, durchgehender First senkrecht zu den Zeltbahnen *ridge-pole tent, continuous ridge across cloth seams*			◆		◆	
Steilwandzelt (Stangen eng an der Zeltwand) *box tent (poles at periphery)*			■			
Steilwandzelt mit zusätzlichen Firstbalken *box tent with ridge bars inserted*			■			

1) nachgewiesene Verbreitung *occurence observed*
2) angenommene Verbreitung *probable distribution*
○ ∴ Zeltform, an die man sich in heutiger Zeit noch erinnert, die aber nicht mehr benutzt wird *Tent type used within living memory, but no longer in use*

Migrationsweg, periodisch *migration route, periodical*
Migrationsweg, episodisch *migration route, occasional*
Šammar nomadisierende Gruppe *nomadic group*
Stammesgrenze *tribal boundary*
Staatsgrenze *national frontier*
Nehāvand Ort *place*
Gewässer, perennierend *watercourses, perennial*
Gewässer, nicht perennierend *watercourses, occasional*
Dārfūr Landschaft *region/landscape*
Sandwüste *sand desert*

Höhenstufen
Altitude scale

0 - 500 m
500 - 1000 m
1000 - 2000 m
> 2000 m

100km 50 0 100 200 300 400km
Maßstab 1 : 8 000 000 Scale

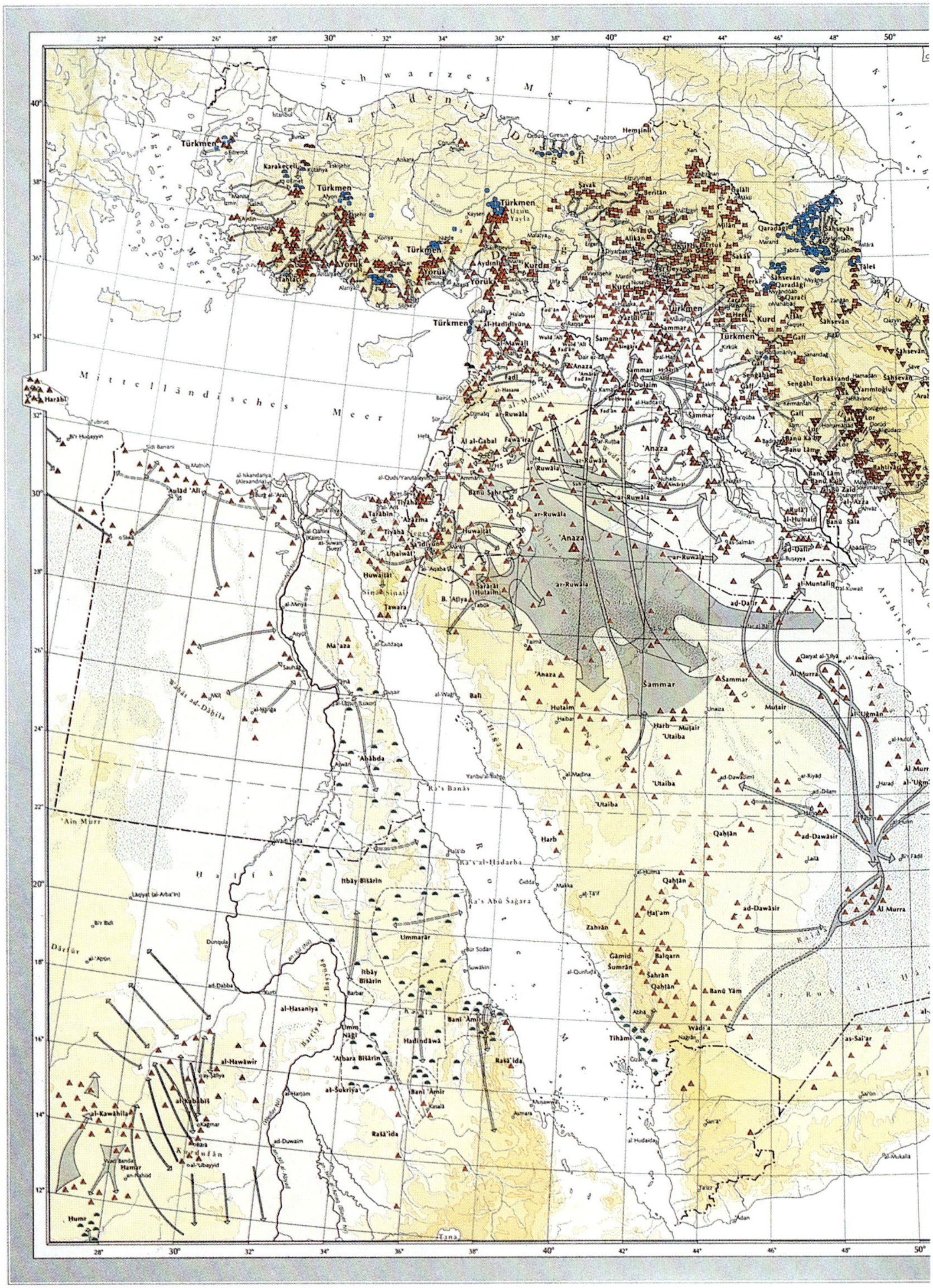

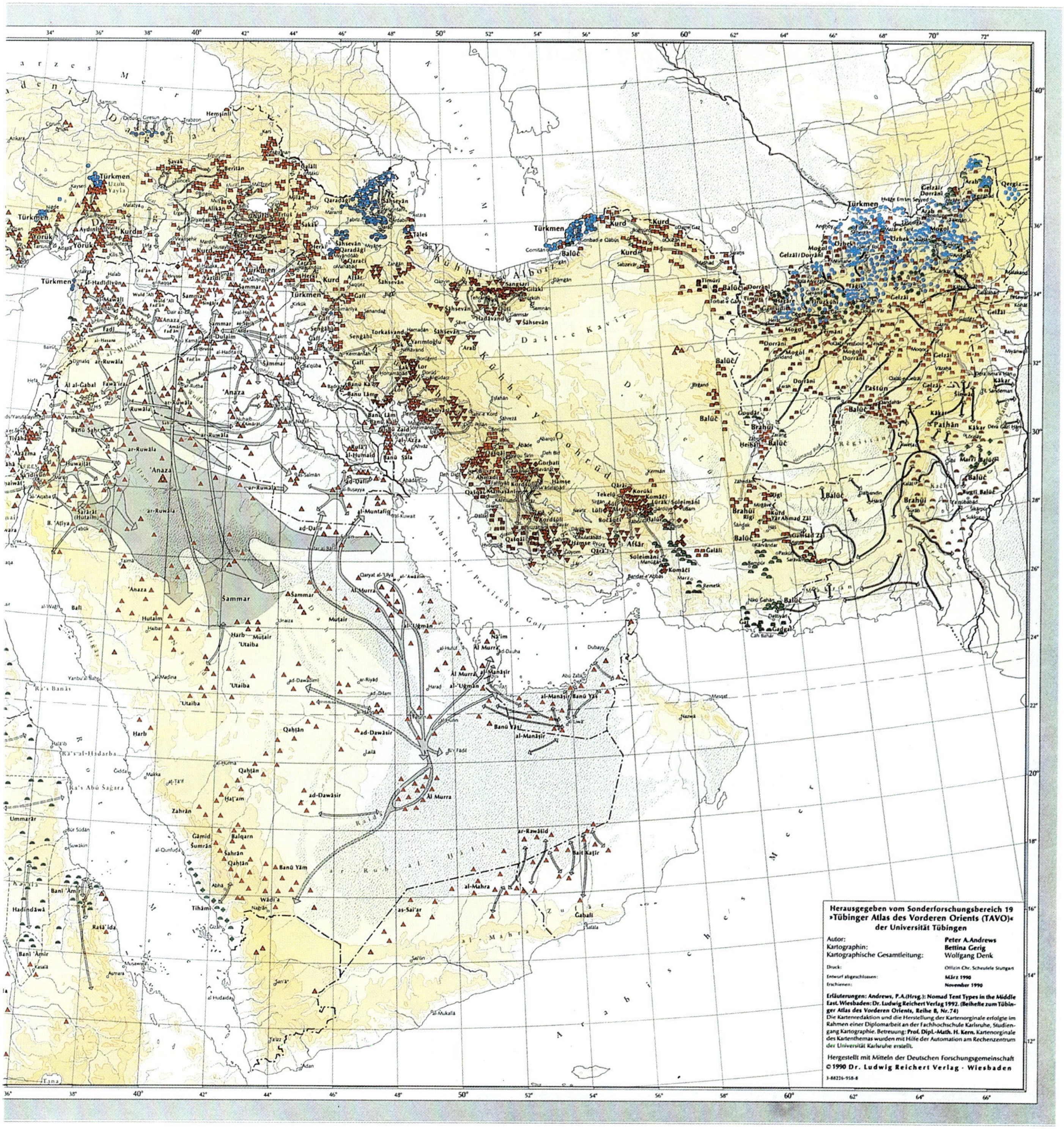

Türkmen
Yörük
Kurd
Qaradağ
Šahsevan
Türkmen
Kurd
Balūč
Gelzāi / Dorrāni
Türkmen
Arab
Özbek
Mogol
Timūri
Teymani
Dorrāni
Paštūn
Kākar
Brahūi
Balūč
Lor
Bahtiyāri
Qašqā'i
Afšār
Komāči
Galāli
Al Murra
'Anaza
Šammar
ar-Ruwāla
Harb
'Utaiba
Qahtān
ad-Dawāsir
Banū Yās
al-Manāşir
al-Mahra
Arabischer / Persischer Golf
Herausgegeben vom Sonderforschungsbereich 19
»Tübinger Atlas des Vorderen Orients (TAVO)«
der Universität Tübingen
Autor: Peter A. Andrews
Kartographin: Bettina Gerig
Kartographische Gesamtleitung: Wolfgang Denk
Druck: Offizin Chr. Scheufele Stuttgart
Entwurf abgeschlossen: März 1990
Erschienen: November 1990
Erläuterungen: Andrews, P.A. (Hrsg.): Nomad Tent Types in the Middle East. Wiesbaden: Dr. Ludwig Reichert Verlag 1992. (Beihefte zum Tübinger Atlas des Vorderen Orients, Reihe B, Nr. 74)
Die Kartenredaktion und die Herstellung der Kartenorginale erfolgte im Rahmen einer Diplomarbeit an der Fachhochschule Karlsruhe, Studiengang Kartographie. Betreuung: Prof. Dipl.-Math. H. Kern. Kartenorginale des Kartenthemas wurden mit Hilfe der Automation am Rechenzentrum der Universität Karlsruhe erstellt.
Hergestellt mit Mitteln der Deutschen Forschungsgemeinschaft
©1990 Dr. Ludwig Reichert Verlag · Wiesbaden
3-88226-958-8

Web-Art

Textiles Kunsthandwerk bei den Yörük

Bis in die jüngste Zeit sind die Flachgewebe des Orients im Gegensatz zu den Knüpfteppichen sowohl in der Literatur als auch von Sammlern und Händlern zweitrangig behandelt worden. Das zunehmende Interesse für diesen Bereich, das in den letzten Jahren zu beobachten ist, setzt zu einem Zeitpunkt ein, an dem das Ende der noch lebendigen Volkskunst bereits abzusehen ist. Die Flachgewebe entsprechen vor allem den Anforderungen des Nomadenlebens und werden von der städtischen Bevölkerung eher als ärmlich abgetan.

Webkunst der Yörük

Bei den Yörük weben nur die Frauen. Schon die kleinen Mädchen lernen durch Zuschauen und Ausprobieren das Weben und beginnen sehr frühzeitig, ihre Aussteuer anzufertigen. Sie verwenden ihr Leben lang dieselben Muster, doch kommt es auch vor, daß eine Weberin zusätzlich fremde Muster nacharbeitet — zu diesem Zweck werden Webteppiche gelegentlich für eine Weile ausgeborgt. Auch durch die Heirat von Angehörigen verschiedener Stämme können Muster weitergetragen werden. Tausch und Kauf von Webteppichen ist dagegen unter den Yörük wenig üblich, es gilt als Schande. Begehrt eine Frau unbedingt einen bestimmten Webteppich oder kann sie selbst keinen arbeiten, so bekommt sie ihn geschenkt oder ein gleicher wird für sie als Geschenk gearbeitet.

Die Webstühle werden in der Regel vor dem Zelt, ab und zu im Zelt, aufgestellt. Gewebt wird, wenn ein neues Stück erforderlich ist oder von der Familie gewünscht wird und Zeit dazu ist. Dies ist meist im Sommer der Fall, wenn die Yörük mit ihren Herden auf der Sommerweide sind. Der vorherrschende Arbeitsbereich ist dort jedoch die Viehhaltung, sie erfordert die ständige Bereitschaft, auch in ungeeigneten Augenblicken die Webarbeit zu unterbrechen.

Eine meist große Kinderzahl auf engem Raum und sämtliche, durch sehr einfache Verhältnisse erschwerte 'Hausfrauen'-Verpflichtungen lassen eine gedankliche und zeitliche Konzentration auf die Webarbeit nicht zu. Allein aus diesem Grund sind die Gewebe oft unordentlicher gearbeitet und können deshalb durch gelegentliche, unbeabsichtigte Musterverzeichnungen phantasievoller als dörfliche Webereien erscheinen. Diese Fehler im Muster mögen den fremdländischen Betrachter gerade liebenswert vorkommen, für die Weberin bleiben sie Fehler, die weder liebenswert noch besonders ärgerlich, sondern mehr oder weniger unwichtig sind. Für sie ist die Webarbeit ja uch nicht wie für den Europäer zweckentfremdetes Zierobjekt sondern verziertes Zweckobjekt.

S. 128/129: Von den Sarıkeçili stammende Frau beim Weben eines schwarz-weißen Getreide- oder Mehlsacks am Hochwebstuhl.
Stamm der Güzelbeyli, Provin Aydın 1985

S. 130/131: Karte der Zeltformen im Vorderen Orient.

S. 132: Bunte Kleidersäcke und Webdecken neben einem Motorrad vor dem Abtransport ins Herbstweidegebiet.
Provinz Denizli 1993

Kürzlich seßhaft gewordene Yörük-Frau, die sich auf das Weben und Knüpfen von Teppichen spezialisiert hat, die ihre Familie an vorbeifahrende TouristInnen verkauft.
Provinz Antalya 1993

S. 134: Gewobener und gefilzter Mantel.
Sammlung Johansen des Hamburgischen Museums für Völkerkunde

S. 135: Herstellung des in der Ausstellung gezeigten Gebets-Kelims. Er wurde von einer Frau hergestellt, die schon in früheren Jahren in die Nomadengruppe eingeheiratet hatte und entsprechend von allen "*Afşar kızı*" ("Afscharen-Mädchen") genannt wurde.
Stamm der Karaevli, Provinz Adana 1957 (U.J.)

S. 137: Yörük-Frau am Flachwebstuhl, der sich leicht auseinandernehmen und transportieren läßt. Die Holzkonstruktion über ihr dient zum Überspannen eines Sonnen- oder Regendaches. (Nähere Beschreibung s. S. 141.)
Provinz İçel (Mersin) 1988

Ein einfacher Webteppich entsteht.
Provinz Denizli 1991

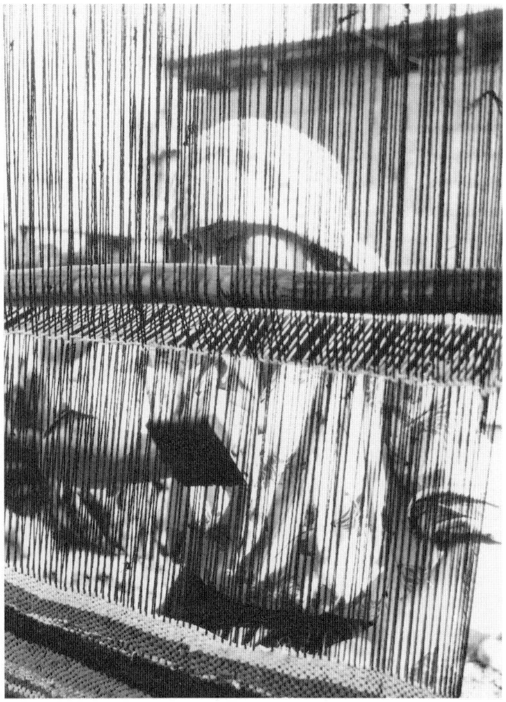

Vielfältige Formen

Webteppiche dienen als Unterlagen unter Matratzen, als Schlafdecken und zum Zudecken von Säcken. Zu den Flachgeweben der Yörük-Frauen gehören: Gebetsteppiche sowie Webstücke, die zum Einwickeln und Aufbewahren des Brotes und bei den Mahlzeiten als eine Art Tischdecke dienen, Säcke, die auch die Funktion von Schränken haben, in denen Lebensmittel, Haushaltsgegenstände und Kleider verwahrt werden sowie Sattel- und Schultertaschen.

Als Webmaterial wird Schaf-, Ziegen- und Kamelwolle und auch Baumwolle verarbeitet. Die Wahl richtet sich zum einen nach dem Verwendungszweck, zum andern ist sie aber auch wesentlich davon abhängig, welche Materialien in einer bestimmten Region bzw. Stammesgruppe zur Verfügung stehen.

Ein Teil der Wolle wird in ihrer natürlichen Farbpalette verarbeitet. Bis vor etwa 100 Jahren färbten die Yörük-Frauen Wolle noch aus Naturstoffmaterialien, v.a. Pflanzen, aber auch Mineralien und tierischen Stoffen. Seither hat sich die Färbung mit synthetischen Stoffen durchgesetzt (Anilin etc.). Auch synthetische Farben verlieren im Laufe der Zeit ihre etwas grelle Farbigkeit und nehmen einen weichen harmonischen Farbton an.

Für die Musterbildung gibt es verschiedene Techniken, gemeinsam ist ihnen aber, daß sie alle auf dem Webstuhl während des Webprozesses gebildet werden und nicht durch nachträgliches Sticken, wie fälschlicherweise oft von Händlern — auch einheimischen — behauptet wird.

Auch die Angaben über das Alter sind oft nicht ganz zutreffend. Das wirkliche Alter ist schwer einzuschätzen, die meisten Webarbeiten sind nicht sehr alt, Verschleißerscheinungen durch häufigen Gebrauch lassen meist ein wesentlich höheres Alter vermuten.

Astrid Drey, Margarethe Warth

Das Lied der Hirten

Musik und Geschichte(n)

Die Beschäftigung mit der Volksmusik war schon immer von dem Interesse geleitet, so etwas wie die 'Wurzeln' der eigenen Kultur zu finden und so wundert es nicht, daß der Anfang der Erforschung der türkischen Volksmusik bei den Yörük ihren Ausgang nahm. So wie die Yörük in ihrer nomadischen Lebensweise die Kultur der nach Anatolien eingewanderten türkischen Nomadenstämme bewahrt und fortgeführt haben, so haben sie dies auch auf dem Gebiet der oralen Kultur, das heißt beim Geschichtenerzählen und bei der Volksmusik getan. Bei den Yörük sind Musikstile zu finden, die möglicherweise das repräsentieren, was man als 'eigentlich türkische Musik' bezeichnen könnte. Was allgemein als 'türkische Musik' bekannt ist, sind oft Vermischungen sowohl mit der persisch-arabisch geprägten Kunstmusik, als auch der sehr verschiedenen Traditionen der in Anatolien beheimateten Völker untereinander.

Die Entdeckung der Volksmusik durch Béla Bartók

Die wissenschaftliche Erforschung der vielfältigen in der Türkei vertretenen Musikstile und Musizierformen begann mit dem Besuch des ungarischen Komponisten und Volksmusikforschers Béla Bartók. Bartók wurde 1936 von der Universität Ankara eingeladen, Lesungen über musikalische Volkskunde zu halten und bei der Einrichtung eines Folklore-Archivs zu helfen. Weiter sollte er Gelegenheit erhalten, eigene Forschungen durchzuführen, um dabei die von ihm entwickelte Methode der musikalischen Feldforschung weiterzuvermitteln.

Diese hatte er auf seinen Reisen durch ungarische Bauerndörfer erprobt, die er auf der Suche nach der 'eigentlichen' bäuerlich-ungarischen Musik durchstreifte. Dazu verwendete er den jüngst entwickelten Phonographen, der es ihm gestattete, Lieder wiederholt abzuspielen, um sie Ton für Ton zu transkribieren und zu analysieren. Mit den auf diese Weise gesammelten, tausenden von Melodien gelang es ihm, Vergleiche anzustellen und Gruppierungen von Liedtypen, Melodie- und Rhythmusformen vorzunehmen. Durch den Vergleich von Weisen, die er aus dem ganzen Balkanraum zusammentrug, destillierte er eine Art ungarisches 'Substrat' heraus, das Lieder und Melodieformen aufwies, wie sie in der städtischen, nach Westeuropa orientierten Musikkultur nicht zu finden waren. Aus dieser grundsätzlichen Verschiedenheit des ungarischen Musikmaterials von dem der umgebenden (rumänischen, serbischen, slowakischen und deutschen) Kulturen schloß er auf die Ursprünge im zentralasiatischen Raum, aus dem die Ungarn vor tausend Jahren eingewandert waren.

S. 140: Ein Strang gesponnener und gefärbter Wollfäden wurde über eine Haspel (rechts) gestülpt. Diese spannt das Garn nach außen, so daß es leichter abgewickelt werden kann. Mit einem Schwungrad (links) wird eine Spindel angetrieben, in der eine kleine Stange mit einer Spule steckt. Die junge Yörük-Frau korrigiert mit der linken Hand das Aufwickeln des Garns auf die kleine Spule. Anschließend wird diese in das Webschiffchen eingesetzt.
Provinz İçel (Mersin) 1988

S. 137: Die Yörük-Frau sitzt auf dem Boden vor ihrem Flachwebstuhl mit den Beinen in einer Erdgrube. Vor ihr befindet sich der Warenbaum, eine Holzwalze, auf der das fertige Gewebe aufgewickelt wird. Davor hängt in zwei Astgabeln die schwere Lade, mit der sie die querlaufenden Schußfäden anschlagen kann. Noch weiter vorne sind die Schäfte (weiß) angebracht, in denen jeder zweite der Kettfäden (rot und blau) aufgenommen ist. Die beiden Schäfte werden durch zwei Fußpedale in der Grube über einen oben angebrachten Seilzug gehoben und gesenkt, wodurch das sogenannte Fach entsteht.
Provinz İçel (Mersin) 1988

S. 138: Vorne rechts befindet sich einer von zwei Lochbalken, an denen die Lade unten angebracht ist. Darüber hängt eine der beiden Seilrollen, über die durch Pedalbewegung jeder zweite Kettfaden im Wechsel gehoben oder gesenkt wird.
Provinz İçel (Mersin) 1988

S. 139: Durch das Fach wird das hier auf dem fertigen Gewebe liegende Webschiffchen aus Holz 'geschossen'. Bei diesem Vorgang wickelt sich der Schußfaden von der Spule im Schiffchen ab. Anschließend wird er mit der Lade angeschlagen, um dem entstehenden Stoff Festigkeit zu verleihen. Ein verstellbares Locheisen hält das Gewebe in der gewünschten Breite fest, da es sich sonst durch die Spannung der Fäden zusammenziehen würde.
Provinz İçel (Mersin) 1988

Da Bartók für die Stützung dieser These kein ausreichendes Material zur Verfügung stand, nahm er die Einladung dankend an: "Ich habe mich gefreut, die Einladung anzunehmen, da ich schon lange gewünscht hatte, türkische Volksmusik aus erster Hand zu untersuchen und insbesondere herauszufinden ob es irgendeine Beziehung zwischen Alt-Ungarischer und Alt-Türkischer Volksmusik gäbe. Es wurde mehr und mehr zwingend, eine Antwort auf diese Frage zu erhalten, da der Vergleich zwischen Alt-Ungarischer Volksmusik auf der einen Seite und der Volksmusik der Tscheremissen (Mari) und der Turko-Tartar-Bewohner des Kazan-Gebietes in Rußland auf der anderen Seite zu der Feststellung einer bestimmten Beziehung zwischen der Volksmusik dieser verschiedenen Völker führte. Es schien höchst wichtig zu wissen, ob türkische Volksmusik einen ähnlichen Bestand an Melodien aufweist, weil dies die Möglichkeit zu weitreichenden Schlüssen beinhaltete." (Bartók 1976:29. Übersetzung K.W.)

Eine Reise wurde organisiert, auf der Bartók von A. Adnan Saygun, dem späteren Leiter des Folklore Archivs in Ankara, einem Dolmetscher und zwei Musiklehrern als Beobachter begleitet wurde. Er kam mit seinen Gastgebern in Ankara wegen des Ziels überein: "... wir entschlossen uns schließlich zu den Winterquartieren der sogenannten Yörük-Stämme, ein nomadisches Volk, das im Sommer in den Bergregionen des Taurus lebt und im Winter in der Gegend von Osmaniye, einem Ort, nicht weit von der südlichen Küste, etwa fünfzig oder sechzig Meilen östlich von Adana. *Die Annahme war, daß Menschen, die so alte Wandergewohnheiten aufwiesen, besser ihr altes musikalisches Material bewahrt hätten, als ein eher seßhafteres Volk.*" (Bartók 1976:30. Übersetzung und Hervorhebung K.W.) Neben den Vorlesungen und einem geplanten Konzert in Ankara standen für die eigentliche Feldforschung gerade sechs Tage zur Verfügung und es erwies sich als schwierig und zeitaufwendig, zu den Lagern der Yörük zu gelangen. Da Bartók auch gesundheitlich geschwächt war, war es ihm nur noch am letzten Tag möglich, an zwei Lagerplätzen, des Kumazlı- und des Tecirli-Stammes, Aufnahmen zu machen. So stammen 11 der insgesamt 87 auf seiner Türkei-Reise gesammelten Melodien von Yörük. Von den Umständen dieser Unternehmung berichtet Bartók:

"Bei Sonnenuntergang erreichten wir endlich das Winterlager der Tecirli, auch ein Nomadenstamm, der den Winter über aber nicht in Zelten, sondern in Lehmhütten haust. Unser Führer brachte uns zu dem Haus eines ihm bekannten Mannes, der auf die Familien seines Stammes einigen Einfluß zu haben schien, und der uns äußerst liebenswürdig empfing. Gut erzogen und taktvoll wie er war, fragte er nicht erst nach dem Zweck unseres Besuches und nach den komischen Apparaten, die wir mir uns schleppten. Er wollte gleich ein Schaf zum Essen abstechen lassen, doch meinten wir, es genüge auch ein Huhn.

(...) Allem Anschein nach hatte unser Führer noch gar nicht erwähnt, was uns hergeführt hatte, und ich saß wie auf Kohlen. Schließlich hörte ich ihn etwas wie 'türki, türk halk müsiki' sagen und von Volksliedern sprechen. Ich hoffte, das Eis würde nun bald gebrochen sein und tatsächlich sang ein Fünfzehnjähriger bald ohne Scheu und Zögern das erste Lied. Die Melodie klang wieder ganz ungarisch. Rasch bereitete ich meine auf dem Boden verstreuten Instrumente vor und schrieb beim Schein des Holzfeuers das Lied nieder. So, dachte ich, und jetzt der Phonograph! Das aber war nicht so einfach. Mein guter Sänger fürchtete, er verlöre die Stimme, wenn er in die Maschine sänge, die offenbar vom Teufel betrieben wurde. Er dachte, sie würde seine Stimme nicht nur auf-, sondern ganz abnehmen. Es dauerte eine ganze Weile, bis ich seine Bedenken zerstreut hatte. Dann arbeiteten wir ununterbrochen und ungestört bis Mitternacht. Ich hielt nun die Zeit für gekommen, einige heikle Fragen zu stellen, besonders betreffs der Frauen: Ob Frauen andere Lieder als die Männer sängen? 'Oh nein, auf keinen Fall!' Die Antwort war kurz und bündig. Sie kennen aber doch sicher diese Lieder auch, und wir hätten sie so gerne einmal von Frauen gehört. In einiger Verwirrung teilten sie uns mit, daß Frauen in Gegenwart von Männern niemals sängen, selbst der Ehemann hätte nicht das Recht, seine Frau um ein Lied zu bitten. Also mußte ich verzichten, da ich mir nicht gut mehr Rechte anmaßen konnte, als der eigene Mann." (Bartók 1953:25)

Nicht nur in dieser Hinsicht, sondern auch wegen des Fehlens angemessener eigener Sprachkenntnisse war es für Bartók nicht so einfach, seine gewohnten Ansprüche auf Vollständigkeit der Daten zu erfüllen. Dennoch konnte er zwei Klassen von Melodiebildungen beschreiben, die sich durch eine abfallende Melodik bei freiem rhythmischen Vortrag ('parlando') auszeichneten und ausschließlich von Yörük bzw. in deren Nachbarschaft gespielt wurden. Eine verwandte Klasse von Melodien existierte ebenfalls in seinem ungarischen Material und teilweise stellte er sogar eine Übereinstimmung in der Melodiestruktur fest. So konnte er zum einen seine These der nahen Verwandtschaft der türkischen mit der ungarischen Musik erhärten, zum anderen legte er mit dieser Arbeit die Grundlagen und die Grundannahmen für die weitere Erforschung der türkischen Musik.

Die Forschung des Musikethnologen Kurt Reinhard

Für die deutsche Musikethnologie waren es vor allem die Forschungen von Kurt Reinhard in den Südprovinzen der Türkei, die die Basis für eine systematische und vergleichende Untersuchung der türkischen Musik lieferten.

Auf zwei Feldforschungsreisen in den Jahren 1955 und 1956 machte Reinhard zahlreiche Aufnahmen, die er später in Form eines Kataloges, geordnet nach Liedtypen und -gattungen herausgab (Reinhard, K. 1962). Dieser Katalog wurde ergänzt durch die Herausgabe der Textesammlung durch seine Frau (Reinhard, U. 1965; Reinhard, K. und U. 1968). Von Reinhard stammt ebenfalls die erste, und bis heute umfassendste deutsche Darstellung der türkischen Musik (Reinhard, K. und U. 1984).

Reinhard stellt als wichtigsten Typ des anatolischen Volksliedes die sog. *uzun hava* ('lange Melodie', 'lange Weise') heraus, die gleiche Form, die Bartók mit dem Ausdruck *parlando* bezeichnete. Sie ist erkennbar an einer innerhalb einer Liedstrophe langsam abfallenden und stark ornamentierten Melodik und an der rhythmischen Ungebundenheit der Interpretation. Daneben gibt es verschiedene, an Tanzformen angelehnte Musikstile, die sich durch eine rhythmische und metrische Strenge und regelmäßige formale Gliederung auszeichnet. Diese zweite, sehr unterschiedliche Gattungen umfassende Kategorie bezeichnete er als *kırık hava* ('gebrochene Melodie').

Da der orthodoxe Islam Musikausübung aller Art mißtrauisch betrachtete und verurteilte, vermutet Reinhard, daß die Melodik der *uzun hava* sich in Annäherung an den Stil des *ezan*, des Gebetsrufes des Muezzins, entwickelt haben könnte. Er weist aber ebenso auf die charakteristischen Züge hirtenhaften Musizierens bei den Turkvölkern hin, die möglicherweise in langgedehnten Rufen mit abfallender Melodik ihren Ursprung haben.

Obwohl Reinhard vorwiegend in den Südprovinzen der Türkei forschte, also in der Gegend, in der sich auch die Yörük bewegen, stellen die Aufnahmen von Hirtenliedern oder -tänzen und anderen Stücken mit Hirtenbezug nur einen geringen Teil (7 %) seiner insgesammt über 800 Aufnahmen, was auch daran liegen mag, daß er relativ wenig bei noch nomadisierenden Yörük sammelte. Dennoch wertete er das wenige Material für einen Artikel 'Die Musikpflege türkischer Nomaden' aus und stellte fest, daß die Form der *uzun hava* heute mehr von halbprofessionalisierten Musikern aus der bäuerlichen Bevölkerung gepflegt wird, wohingegen die Hirten der rhythmisierten *kırık hava* den Vorzug geben.

Der Hirte und seine Flöte

Neben Liedern gibt es natürlich auch Instrumentalmusik, besonders für das Hirteninstrument par example, die Flöte. Traditionell wird sie in Form einer zwischen 70 und 100cm langen Flöte ohne Mundstück, der *kaval* gespielt. Das am oberen offenen Ende entstehende Anblasgeräusch wird oft durch einen mitgebrummten Ton überdeckt, der interessante Obertoneffekte hervorruft. Heute ist die *kaval* aber in vielen Fällen durch die unserer Blockflöte gleichende *düdük* ersetzt. Die meisten Flötenstücke sind nach dem *uzun hava*-Typus gebildet, ebenso gibt es aber auch Tanzstücke für *kaval* (zum Beispiel die Aufnahmen von Reinhard R 184 und R 185).

Die Entstehung der Flötenmelodien läßt sich gut nachvollziehen an den Flötensignalen, mit denen die Hirten ihre Schafe anleiten. Offenbar hat jeder Hirte eine Reihe charakteristischer Melodien, die von den Schafen erkannt werden. Ein gutes Beispiel für diese Art streng funktionsgebundener Musik sind die von Reinhard aufgenommenen Lockrufe für die Schafe zum Wasser bzw. zum Fressen (Aufnahmen R 517 und R 518).

Dieses in vielen Kulturen bekannte Wissen der Hirten um die Wirkung ihrer Flöte auf die Schafe wird auch in einer in der ganzen Türkei überlieferten Geschichte vom *kara koyun*, dem schwarzen Schaf erzählt: Ein armer Hirte wollte um die Hand der Tochter eines reichen Herdenbesitzers anhalten, was natürlich in den Augen des *ağa* vermessen war. Aus Liebenswürdigkeit stellte er ihn aber dennoch vor eine Probe. Er sollte die Herde eine Woche lang nur mit Salz füttern und danach mit seiner Flöte die Schafherde an einem Fluß vorbei leiten, ohne daß eines der Tiere trinkt, dann sollte er die Tochter haben können. Selbstverständlich flötete der Hirte in seiner Verliebtheit so entzückend, daß die Herde ihm brav folgte, bis auf ein schwarzes Schaf, das sich selbstständig machte. Die meist auf der *kaval* interpretierte instrumentale Erzählung schildert lautmalerisch die Unterhaltung zwischen dem Hirten und dem schwarzen Schaf, das ihm schließlich nachgibt und folgt.

Andere Instrumente bei den Yörük

Außer der *kaval* sind bei den Yörük nur wenig andere Musikinstrumente in Gebrauch, die sich auch für den Transport auf den Wanderungen eignen. Dazu gehört die *kabak kemane*, eine Art Fiedel, die einen mit Fell bespannten Kürbis (*kabak*) als Resonanzkörper hat. Außerdem kommt vereinzelt noch die *kemane* mit einem birnenförmigen Holzkorpus vor, wie sie von Volker Reinhard 1973 dokumentiert ist. Auf beiden werden sowohl Lieder begleitet als auch Tanzmusik gespielt.

Das *davul-zurna*-Duo

Bei festlichen Anlässen spielt das für die gesamte Türkei typische *davul-zurna*-Duo. Die *davul* ist eine große Zweifelltrommel, die über die Schulter gehängt wird, die *zurna*, ein mit Doppelrohrblatt versehenes Holzblasinstrument, das der europäischen Oboe ähnelt, und in jüngerer Zeit auch vielfach durch diese ersetzt wird.

Solche Feste gibt es an Staatsfeiertagen und aus verschiedenen religiösen Anlässen, bei Beschneidungen und Hochzeiten. Dieser Bereich der Musikausübung wird oft von professionellen Musikern übernommen: die häufig Roma-stämmigen Musiker spielen gegen Bezahlung auf den Festen die Stücke der Gastgeber. Ein solches Beispiel sind die zwei 'Tanzlieder der Yörük-Mädchen', die Wolf Dietrich 1977 aufnahm.

Früher soll die *davul* auch bei Yörük zu Beerdigungen gespielt worden sein, was den türkischen Forscher Üngör dazu veranlaßte, einen Zusammenhang mit vorislamischen, zentralasiatischen Schamanentrommeln zu vermuten.

Die *saz* und die Tradition der *aşık*

Ebenfalls auf Festen, zu verschiedensten Anlässen, oder nur so zum Spaß, wird die Langhalslaute *saz*, gespielt. *Saz* heißt einfach `Instrument', was auf ihre zentrale Rolle in der türkischen Volksmusik hindeutet. Es gibt sie in verschiedenen regional variierenden Größen und Stimmungen. Die gebräuchlichste hat 14 Bünde und 6 Saiten, die mit einem Plektrum angeschlagen werden. Mit der *saz* werden vor allem Liebesgedichte, Balladen, Preislieder und Totenklagen im Typus der *uzun hava* begleitet.

Diese Tradition stammt von den *aşık*, wandernden Barden, die in etwa mit den europäischen Minnesängern vergleichbar sind. Sie waren

Kassettenrekorder im Zelt neben einem Stapel mit Matrazen und Deckbetten. Mit einer gewobenen Decke wie dieser hier werden in den meisten Yörük-Zelten Säcke und Bettzeug zugedeckt.
Stamm der Güzelbeyli, Provinz Denizli 1992

und sind häufig die Schöpfer von Volksliedern, deren Texte und Melodien über die Jahrhunderte tradiert und immer wieder variiert wurden.

Bereits im 7. Jahrhundert n.Chr. zogen in Zentralasien, der Urheimat der Türken, *ozan* genannte Sänger mit Langhalslauten von Nomadenzelt zu Nomadenzelt und trugen Heldenlieder und Gesänge vor, die die jüngsten Ereignisse in kritischer Form kommentierten.

Die Tradition der *aşık* läßt sich zumindest bis ins 16. Jahrhundert zurückverfolgen, als der herausragendste *aşık*, Pir Sultan Abdal aus Sivas durch Anatolien zog, um seine Lieder vorzutragen. Da er sich gegen die osmanische Herrschaft auflehnte und dem verfolgten schiitischen Orden der Bektaşı angehörte, wurde er schließlich hingerichtet. Pir Sultan Abdal gilt vielen heutigen *aşık* als Vorbild, da sie häufig ebenfalls den schiitischen Orden der Alevi oder Bektaşı angehören.

Yörük-Mann mit einem kleinen batteriebetriebenen Radio, das er mitnimmt, wenn er mit seiner Herde auf die Weide geht.
Stamm der Sarıkeçili, Provinz Afyonkarahisar 1993

Aşık bedeutet wörtlich `Liebhaber', womit nicht nur die Liebe zu einer Frau gemeint ist, sondern vor allem die mystische Liebe zu Gott, denn das Verhältnis des Menschen zu Gott gleiche dem eines Liebenden zu seiner Geliebten. So sind die religiösen Liedinhalte oftmals nicht von den weltlichen Liebesliedern zu unterscheiden, wie sie beispielsweise von Karacaoğlan, einem anderen berühmten *aşık* aus dem 16. Jahrhundert, bekannt sind. Die Texte und Melodien wurden mündlich von Generation zu Generation weiter gegeben, wobei der jeweilige Sänger ganz legitim seine eigenen Umdichtungen und Interpretationen vornahm. So sind immer wieder neue individuelle Varianten entstanden.

Der bekannteste zeitgenössische *aşık* war der 1973 verstorbene Aşık Veysel, dessen schwermütige, philosophisch-lebensbetrachtende Lieder immer noch populär sind und von jüngeren *aşık* nachempfunden werden. Andere moderne *aşık* distanzieren sich von Veysels eher introvertierten Texten und betonen mehr die sozialkritischen Traditionen der *aşık*.

Volksmusik in der Türkei heute

Wenn viele Schlagersänger sich heute ebenfalls als *aşık*, 'Liebhaber' bezeichnen, so stehen ihre schwülstigen Lieder nicht unbedingt in der eigentlichen *aşık*-Tradition mit ihrer religiösen Poesie und Sozialkritik.

Ebenso wird der *zeybek*, ein vermutlich seldschukischer Kriegertanz, der auch bei den Yörük überliefert ist (z.B. in der Aufnahme von Wolf Dietrich, 1977 belegt), heute vornehmlich von professionellen Musikern bei Folklorefesten aufgeführt und ist auf diese Weise zu einer Art Nationaltanz avanciert. Man kann dies schon fast als eine Art Rücklaufeffekt der Folkloreforschung beschreiben, der Volkstümliches zu Volkstümelndem werden läßt.

Die Professionalisierung der Musikausübung bei solchen Gelegenheiten läßt die Ansprüche des Publikums steigen, so daß die eigentliche Volks-, d.h. auch Laienmusik immer mehr verdrängt wird. Dies nicht zuletzt durch die, auch die *yayla*-Gebiete nicht mehr ausschließende Verbreitung von Radio und Kassettenrekorder. Zwar gibt es Kassetten mit fast allen Formen türkischer Musik, und das Bewußtsein um die Tradition der verschiedenen Stile ist durchaus vorhanden, aber so ausgezeichnete Musiker es unter den Yörük geben mag, so selten werden diese Gelegenheit haben, ein Radio- oder Aufnahmestudio zu betreten. Umso wertvoller sind die wenigen Aufnahmen, die uns aus den Händen von Reinhard und anderen erhalten geblieben sind.

Konrad Witt

S. 149: Das türkische Volksinstrument, die *saz*, die zur Gruppe der Langhalslauten gehört, wird auch auf der Sommeralm gespielt.
Stamm der Saçıkaralı, Provinz Denizli 1993

S. 150: Erwachsene Männer blasen die lange Hirtenflöte (*kaval*), auf der es manche durch tagelang währendes Üben zu großer Meisterschaft bringen.
Stamm der Karaevli, Provinz Adana 1964 (U.J.)

S. 151: Die Herden, insbesondere Schafherden, folgen dem Hirten auf akustische Signale. Deshalb muß der Hirt vor allem, wenn die Herden im Sommer nachts geweidet werden, beständig die Flöte blasen, ob er musikalisch ist oder nicht. Mit etwa zehn Jahren beginnen die Knaben als Hütejungen zu arbeiten. Dann müssen alle die kleine Flöte (*düdük*) spielen können.
Stamm der Karaevli, Provinz Adana 1957 (U.J.)

S. 152: Yörük-Jungen vom Stamm der Sarıkeçili nach den Dreharbeiten.
Provinz Afyonkarahisar 1993

Wunschbäume und Moscheen

Volksglaube und Islam der Yörük

Die meisten Yörük gehören, wie der größte Teil der türkischen Bevölkerung, dem Islam sunnitischer Richtung an. Neben den moslemischen Glaubensvorstellungen existieren volkstümliche religiöse Bräuche. Sie sind aus einem Verschmelzungsprozeß zwischen dem islamischen Buchglauben und dem vorislamischen Glauben der aus Zentralasien eingewanderten Volksstämme hervorgegangen. Religiöse Vorstellungen, die häufig von orthodoxer Seite als 'Aberglauben' betrachtet werden, sind der Glaube an die wundertätige Kraft, ausgehend von Heiligen, Wunschbäumen und bestimmten Orten, sowie an den 'Bösen Blick'. Solche Glaubensinhalte sind in vielen Bevölkerungsschichten der Türkei weit verbreitet. Unter dem Einfluß der Moderne und unter dem zur Zeit wachsenden Einfluß des orthodoxen Islam verlieren sie bei einem Teil der Bevölkerung an Bedeutung.

Ein geistlicher Lehrer (*hoca*) wurde engagiert zur religiösen Unterrichtung der Kinder im Schulalter auf der Sommerweide. Sein 'Klassenzimmer' ist ein aus Baumstämmen und Ästen kegelförmig zusammengefügter schattiger Verschlag. Hier sollen die Mädchen ein Kopftuch tragen.
Stämme der Honamlı und Tekeli, Provinz Maraş 1964 (U.J.)

Der Islam

Der Islam ist, wie das Christentum und das Judentum, eine monotheistische Religion; d.h., die Moslems glauben an Allah als den alleinigen Gott, der sich nach der Überlieferung Mohammad, dem Propheten, offenbart hat. Dieser ist der Prophet der beiden großen Hauptkonfessionen, in die sich der Islam untergliedert, der Sunna und der Schia. Die Sunniten betrachten die vier ersten Kalifen, die aufgrund ihrer religiösen Qualifikation ausgewählt wurden, als die legalen Nachfolger Mohammads. Im Gegensatz dazu halten die Schiiten (Anhänger des Schwiegersohns Mohammads: Ali) nur eine erbliche Nachfolge für richtig.

Die Yörük sind überwiegend Sunniten der hanafitischen Rechtsschule (eine der fünf Rechtsschulen, die die Koranauslegung weniger streng praktizieren). Es gibt jedoch auch einige der Schia zugehörige Gruppen unter ihnen, z.B. die alevitischen Yörük.

Kauri-Schnecken als Amulette zum Schutz gegen den bösen Blick am Rücken eines Kindes.
Stamm der Honamlı, Provinz Adana 1956 (U. J.)

Praktizierter Islam

Die Yörük halten sich im allgemeinen an die islamischen Gebote. Die Hauptpflichten eines gläubigen Moslems sind:
— der Glaube an Allah als den einzigen Gott und an Mohammad, seinen Propheten (*şahâdet getirmek*)
— das fünfmal täglich zu vollziehende Gebet (*namaz kılmak*)
— die Almosengabe (*zekât vermek*)
— das Fasten im Monat Ramadan (*oruç tutmak*)
— die Wallfahrt nach Mekka, die einmal im Leben auszuführen ist (*hacca gitmek*).

S. 155 unten: Amulette aus Perlenstickerei mit einer Miniaturausgabe des Koran, die häufig in Autos aufgehängt werden.
Sammlung Johansen des Hamburgischen Museums für Völkerkunde

Nicht immer ist es den Yörük jedoch möglich, diese Gebote genau zu befolgen. Befinden sie sich beispielsweise auf der Sommerweide, ist es schwierig, regelmäßig Moscheen zu besuchen; auch die Wallfahrt nach Mekka ist vielen Yörük nicht möglich. Zwar akzeptiert die islamische Orthodoxie bei besonderen Hinderungsgründen einen Nichtvollzug der Wallfahrt nach Mekka, nach volkstümlichen Vorstellungen mögen aber sogar Pilgerfahrten zu Heiligengräbern als ein Ersatz für die 'ḥac' gelten.

Der 'Böse Blick' und andere Elemente vorislamischen Glaubens

Neben dem Schriftglauben, der den Koran als einzige Quelle akzeptiert, sind jedoch auch noch zahlreiche Formen des Volksglaubens zu finden. Volkstümliche Glaubensvorstellungen, wie die Heiligenverehrung, der Glaube an den 'Bösen Blick' und das Amulettwesen,

Nomadenfriedhof auf der *yayla*. Die Worte auf dem Grabstein einer Frau bedeuten: "Meyrem Ergin vom Yörük-Stamm der Güzelbeyli, geboren 1305 (nach islamischem Kalender, d.h. ca. 1889), gestorben 1942. Die *fatiha* (erste Koransure) für Deine Seele!"
Provinz Denizli 1993

werden von strenggläubigen orthodoxen Schriftgelehrten als Aberglaube, als Unglaube betrachtet.

Der 'Böse Blick', meist durch den Neid eines Mitmenschen bedingt, kann nach Meinung der Yörük bei Menschen und Tieren Krankheiten auslösen und Unglücksfälle bewirken. Zum Schutz vor ihm werden Amulette (*nazarlıks*) getragen: Die Hand der Fatima; die Blaue Augenperle (*nazar boncuğu*); ein heiliger Blauer Stein (*mavi taş*); Amulettkapseln, die mit Koranversen beschriebene Zettelchen enthalten.

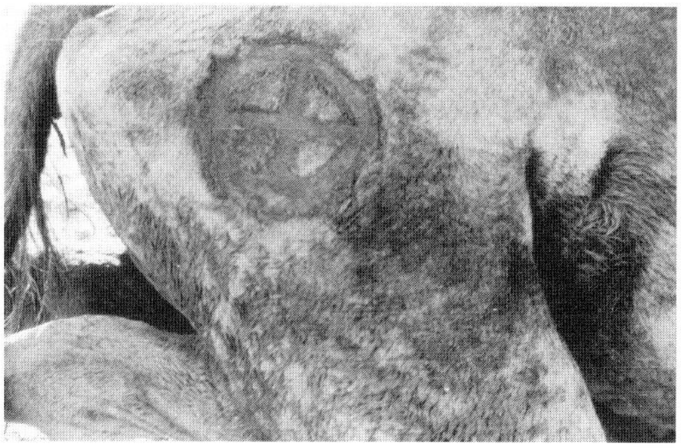

Brandzeichen, das gegen das Rheuma des Dromedars helfen soll.
Stamm der Horzum, Provinz Kayseri 1957 (U.J.)

Heilige, Heiligengräber und Wunschbäume

Von großer Bedeutung für die Yörük ist der Glaube an Heilige. Dies können lebende, meistens aber verstorbene fromme Personen sein. Die Bedingung, um als 'Heiliger' (*eren, yatır*) zu gelten, ist der Besitz von *baraka*. Hierbei handelt es sich um eine unsichtbare, Wohlergehen

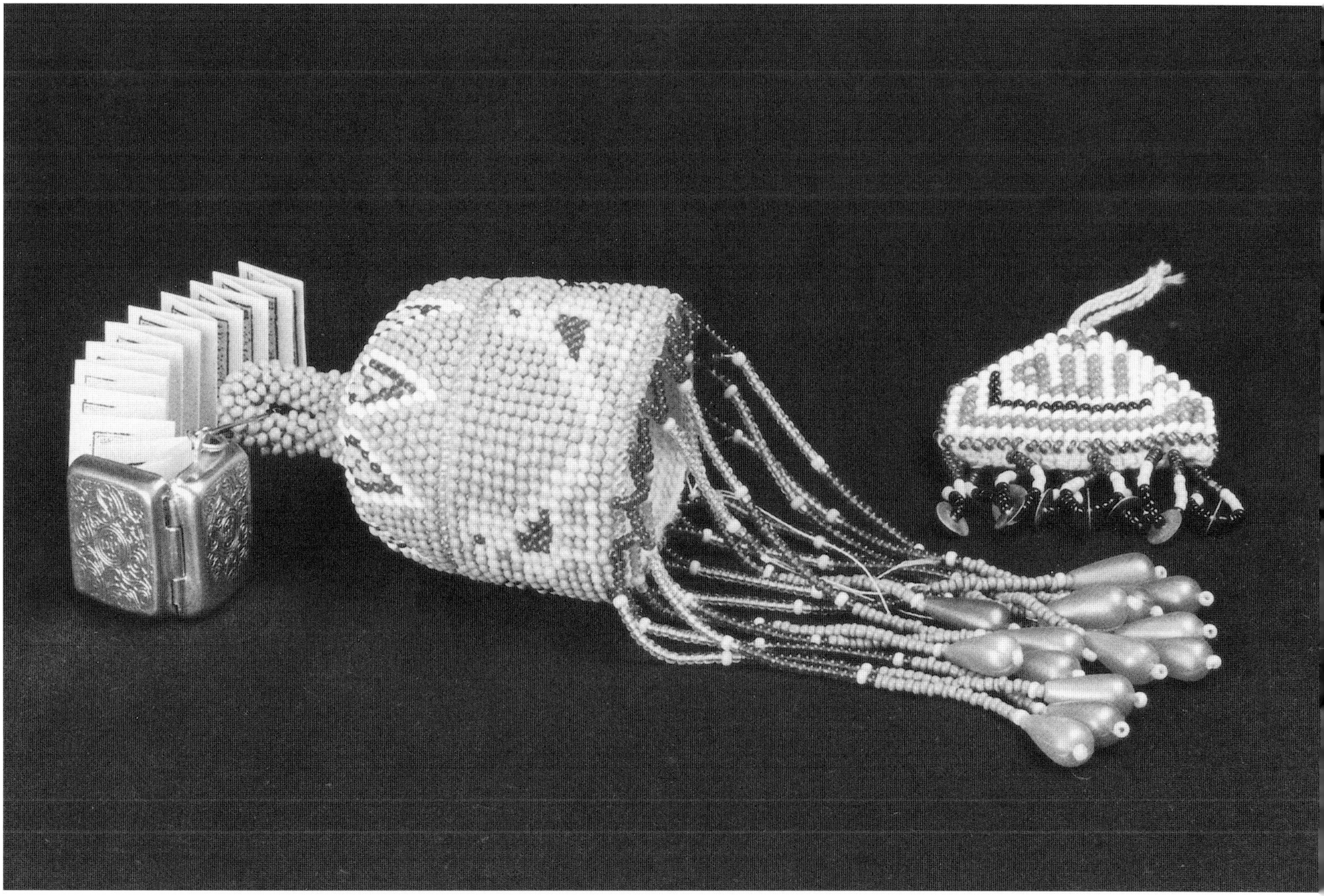

Therapie des Madenbefalls der Schleimhäute eines Hirten. Die betreffenden Maden entwickeln sich aus den Eiern einer Fliege und befallen vor allem die Schleimhäute der Herdentiere, aus denen sie herausgeschnitten oder -gebrannt werden müssen. In eine verzinnte Kupferschale mit warmem Wasser wird ein im Herdfeuer stark erhitzter Stein gelegt. Darauf kommt ein glühendes Esels-Hufeisen und darauf getrocknetes Kraut der giftigen wilden Orchidee (*sinek otu*).
Stamm der Karaevli, Provinz Adana 1957 (U.J.)

Den Dampf und Rauch, der bei der oben beschriebenen Prozedur entsteht, inhaliert der Hirte mit offenem Mund. Er wird davon leicht benommen, kann aber die Maden, die von dem Gift stärker angegriffen werden, nun herausschneuzen oder -husten.
Stamm der Karaevli, Provinz Adana 1957 (U.J.)

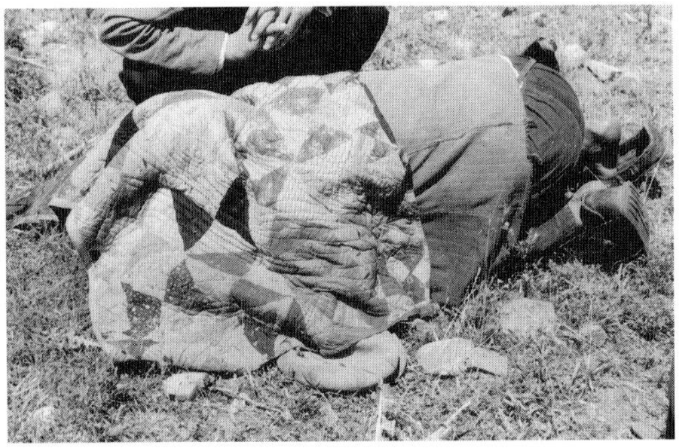

spendende, göttliche Kraft, die befähigt, Wunder zu wirken. Diese haben die Heiligen nach islamischer Glaubensvorstellung von Allah selbst erhalten. Vielfach sind es berühmte historische Persönlichkeiten der islamischen Glaubensgeschichte, die als Heilige betrachtet werden, wie beispielsweise Hızır, der bereits im Koran erwähnt wird und in der Türkei als ein Frühlingsbote bzw. als Wiedererneuerer der Natur angesehen wird. Häufig sind es aber auch legendäre Heilige, die weder eine wirkliche Biographie noch einen Namen besitzen; sie werden meist nur von bestimmten Volksgruppen verehrt. Im allgemeinen verehrt man sie an ihren Gräbern oder an Orten, die mit ihnen in Zusammenhang gebracht werden.

Daneben geht von Naturobjekten die wunderwirkende Kraft *baraka* aus. Vor allem Grotten, Quellen, bestimmte Sträucher oder Bäume, die sogenannten 'Wunschbäume' haben *baraka*. Sie befinden sich häufig in der Nähe von Heiligengräbern, werden oft auf irgendeine Weise mit den Heiligen in Verbindung gebracht, gelten aber vielfach auch selbst als Verehrungsobjekte. Die 'Wunschbäume' behängen Yörük mit bunten Bändern, wobei für sie jedes Band einen Wunsch verkörpern soll.

Wallfahrten, religiöse Zeremonien und Feste

Wie viele Türken, begeben sich auch die Yörük, in der Hoffnung auf Heilung ihrer Krankheiten, die Erfüllung eines Kinderwunsches oder um Glück und Wohlstand zu erlangen auf eine Wallfahrt (*ziyaret*) zu Heiligengräbern oder zu anderen heiligen Plätzen. Ganze Stammesgruppen tun sich auch zu gemeinschaftlichen Wallfahrten zusammen, die in das nomadische Leben eingebunden sind. Die Heiligengräber und 'wunderbaren Orte' befinden sich häufig an den Wanderwegen der Yörük und hier insbesondere in Schluchten, auf Pässen und Berggipfeln; dort rastet man und vollzieht bestimmte Zeremonien.

Generell wird der Aufbruch zur Sommerweide mit einem Fest an einem Heiligengrab oder an einem heiligen Platz begangen. Hier werden, wie auch bei der Rückkehr von der *yayla* im Herbst, religiöse Riten ausgeführt, z.B. die Rezitation von Koransuren oder Gebeten, die Darbringung von Opfergaben, eine gemeinsame Mahlzeit, Steinewerfen auf einen Steinhaufen und das Anbringen von bunten Bändern an 'Wunschbäumen'.

Einige Yörük-Stämme feiern das Frühjahr mit einer Tierweihe an heiligen Plätzen mit Quellen, während der sie die Tiere mit dem Quellwasser besprengen.

Cornelia Reiter, Ines Vogt

Mit Stoffetzen als fiktiven Opfern behängter Baum (*türbe ağacı*) an einem Bergpaß. Im Falle von Krankheiten, Kinderlosigkeit und anderen Sorgen werden von der seßhaften wie nomadischen Bevölkerung in der Türkei Streifen von einem Kleidungsstück, möglichst von der betreffenden Person, an einen solchen Wunschbaum gehängt. Oft befinden diese sich neben einem Heiligengrab oder an geographisch markanten Orten.
Provinz Kayseri 1957 (U.J.)

Schaf mit umgehängtem Amulett.
Stamm der Güzelbeyli, Provinz Denizli 1993

Zukunftsperspektiven

Nomadismus und Yörük

Das immer noch vorherrschende Vorurteil, der Nomadismus sei eine primitive, zum Sterben verurteilte Lebensform, wird heutzutage mehr und mehr in Frage gestellt. Derzeit wird in vielen Entwicklungsorganisationen über die Förderung verschiedener Formen der mobilen Tierhaltung nachgedacht. Die nomadischen Yörük haben bewiesen, daß sie sich in der modernen Welt zurechtfinden und Tradition und Technik zu verbinden wissen. Ihr Nomadismus könnte auch in der Zukunft Bestand haben, falls sie nicht der Druck von außen zur (vollständigen) Seßhaftigkeit zwingt.

Die Kette für ein in der Technik der Brettchenweberei hergestelltes Band wird geschert.
Stamm der Karaevli, Provinz Adana 1957 (U.J.)

Noch immer ist die Ansicht weit verbreitet, die nomadische Viehwirtschaft sei ein Überbleibsel längst vergangener Zeiten. Menschen, die in Zelten leben und diese an verschiedenen Weideplätzen aufschlagen, seien unvereinbar mit dem modernen Fortschritt und als primitiv anzusehen.

Die besorgniserregende Entwicklung der Umwelt, vor allem die Ausbreitung der Wüsten, scheinen zu einer Änderung dieser Haltung zu führen. Demnach werden Nomadengruppen als anpassungsfähige Bevölkerung geographischer Randgebiete verstanden. Ihr Nomadismus wird als ein ausgeklügeltes System zur wirtschaftlichen Nutzung von Problemregionen angesehen.

Die jahrhundertealten Erfahrungen des Nomadismus und der flexible und mobile Charakter seiner Lebensweise erhält in einem Zeitalter der industriellen und ökologischen Krise einen neuen Sinn. Die Einsicht wächst, daß Entwicklungsprogramme nicht zwangsläufig die Seßhaftigkeit fördern sollten, was bei vielen Projekten fehlgeschlagen ist. Eher sollten die Bedürfnisse nomadischer Gruppen erforscht und unterstützt werden.

Die Weberei am Brettchenwebstuhl hat begonnen. Die Frau hält mit dem Webschwert ein Fach offen.
Stamm der Karaevli, Provinz Adana 1957 (U.J.)

Konzepte der Entwicklungspolitik

In vielen UN- und Entwicklungsorganisationen ist eine Umorientierung in diesem Sinne zu bemerken. Es wurden Programme zur Erforschung und Förderung von Formen der mobilen Tierhaltung erstellt, die von den Erfahrungen und Verhaltensweisen der jeweiligen (teil-) nomadischen Bevölkerung ausgehen. Den vielen Schwierigkeiten und Fehlern bei den Ansiedlungsprogrammen in den Trockengebieten Afrikas und Asiens wird damit Rechnung getragen. Diese waren nur möglich durch einen erhöhten technischen Einsatz vor allem zur Bewässerung der Steppen- und Wüstengebiete. Das Hochpumpen von Wasser mit Hilfe von Tiefbrunnen hat vielerorts zu katastrophalen

S. 161: Kleidersack (*ala çuval*) aus der Gegend von Antalya.
Sammlung Kunze

S. 162: Von Yörük-Frau (s. S. 133) geknüpfter Gebetsteppich.
Sammlung Kunze

Traditionellerweise wird geschorene Wolle gekämmt, indem sie durch zwei Reihen spitzer Nägel, die an einem Brett angebracht sind, hin- und hergezogen wird.
Provinz Muğla 1993

Konsequenzen geführt, z.B. dem Fallen des Grundwasserspiegels und damit der Abnahme der natürlichen Vegetation. Auch hat sich gezeigt, daß ein großangelegter Ackerbau aufgrund dünner Böden und des wechselhaften Klimas oft unrentabel ist. Darüber hinaus wird durch das Pflügen häufig die Erosion gefördert.

Nomadische Nutzung von 'Randgebieten'

Demgegenüber zeigten Untersuchungen über die traditionelle, nomadische Viehzucht einen äußerst sensiblen Umgang mit den natürlichen Ressourcen. Eine rücksichtslose Ausbeutung der Weidemöglichkeiten verbietet sich für diese schon deshalb, weil die eigene Wirtschaftsgrundlage auf Dauer entzogen würde. Das sehr akute Problem der Überweidung in agrarischen Randgebieten steht häufig mit der kolonialen und postkolonialen Entwicklung in Zusammenhang. Durch eine forcierte Ausdehnung des Ackerbaus, vor allem für den Export in die Industrieländer ('cash-crop-Produktion'), aber auch für die Ernährung der eigenen, stetig wachsenden Bevölkerung, wurden die nomadischen Weidegebiete stark eingeschränkt.

Daß die Nutzung durch die Wanderviehwirtschaft nur ein kleines Gebiet und wenige Menschen betrifft, wird durch einen Blick auf die Statistiken der UNO widerlegt: Betroffen sind demnach ca. 13 Millionen km^2, d.h. fast die Hälfte der Fläche der Länder des sogenannten 'Trockengürtels der Alten Welt', der von Mauretanien über ganz Nordafrika, Arabien und den Iran bis nach Tibet und in die Mongolei reicht. Auf diesen Flächen kann sich eine Bevölkerung von — je nach Schätzung — 25 bis 65 Millionen Menschen mit nomadischen und anderen Formen der mobilen Tierhaltung selbst versorgen. Darüber hinaus versorgen sie die bäuerliche und städtische Bevölkerung mit Fleisch und anderen tierischen Produkten, ohne daß fruchtbares Land für die Viehhaltung verwendet werden muß.

Zukunftsaussichten der mobilen Tierhaltung

Bei den Konzepten für die künftige Nutzung ökologischer Randgebiete, also der Trocken- und Gebirgsregionen der Welt, ist nicht von einer bloßen Rückkehr zum traditionellen Nomadismus auszugehen. Die Nomadenvölker selber haben sich ja bereits an die moderne Welt und ihre Möglichkeiten der Technik, Infrastruktur und Kommunikation angepaßt. Ein Experte auf dem Gebiet der Nomadismus-Forschung brachte die Zukunftsperspektiven treffend zum Ausdruck. Ihm folgend "geht es um eine *mobile Tierhaltung*, die auf dem reichen Erfahrungsschatz traditionellen Nomadismus aufbaut, jedoch den Möglichkeiten und Erfordernissen der heutigen Zeit angepaßt ist. Dazu gehören z.B. garantierte Nutzungssicherung und ökologisch verantwortliche Regenerationskontrolle der saisonalen Weiden, Informationsdienste über lokal und zeitlich wechselnde Futterangebote, Einsatz moderner

Transportmittel beim Weidewechsel sowie mobile human- und veterinärmedizinische Versorgung. Bedacht sei auch die Einführung einer ausschließlich den Tierhaltern dienlichen, marktbezogenen Produktionsorientierung und effektiver Absatzorganisationen, ggf. sogar zeitlich begrenzter Preisgarantien und Fleisch- sowie Tierimportbeschränkungen. Nicht zuletzt müssen die Infrastruktureinrichtungen und Versorgungsdienste der weidebedingten Mobilität der Tierhalterfamilien optimal entsprechen" (Scholz 1994:76).

Die Zukunft der nomadischen Yörük

Die Ausführungen von Fred Scholz lassen sich Punkt für Punkt auf die noch immer (teil-)nomadischen Yörük in der Türkei übertragen. Obwohl sie nicht in einem von der Trockenheit gekennzeichneten Land leben, verfügen sie und die kurdische Nomadenbevölkerung auf

S. 163: Gebetskelim (s. S. 135).
Sammlung Johansen des Hamburgischen Museums für Völkerkunde

In der Ausstellung aufgebautes Zelt (s. S. 123f.) mit Inventar.
Sammlung Johansen des Hamburgischen Museums für Völkerkunde, einige Kleidersäcke Sammlung Kunze

In vielen Touristenorten wie hier in Ölü Deniz bei Fethiye werden alte und neue Zelte als Restaurants aufgebaut.
Provinz Muğla 1993

den Hochgebirgen über eine ausschließliche Nutzungsfläche von etwa einem Viertel der Landesfläche der Türkei während der Sommermonate. Ihre Herden liefern Dung für die Sommeralmen und fördern dadurch und, indem sie die Spitzen der Pflanzen abgrasen, das Nachwachsen der Vegetation. Um die Gefahr der Überweidung zu vermeiden, ist allerdings eine angemessene, nicht zu große Zahl von Herdentieren notwendig. Dann spielen auch die Schafherden in der Türkei eine wichtige Rolle für den Landschaftsschutz, für den die Schäfer in Deutschland staatliche Unterstützung erhalten. Als Alternative zum ökologisch problematischen intensiven Einsatz von Kunstdünger ist die Beibehaltung der Frühlings- und Herbstweiden auf brachliegendem bzw. abgeerntetem Ackerland ebenfalls äußerst wünschenswert.

Falls die mobile Tierhaltung der Yörük die oben skizzierte Förderung durch staatliche und internationale Institutionen erfahren würde, wäre sicher nicht nur ihnen, sondern auch der stetig wachsenden Bevölkerung der Türkei und ihren Nachbarländern gedient.

Ausgangspunkt sämtlicher Bemühungen zu ihrer Unterstützung müßten selbstverständlich die Bedürfnisse der betroffenen Menschen sein.

Ausstellungen und Forschungen über die Yörük zeigen, daß sie sich sehr wohl in der Welt von heute zurechtfinden und Tradition und Moderne geschickt miteinander verknüpfen.

Es ist den nomadischen Yörük, auch im Sinne eines auf Toleranz und Umweltbewußtsein beruhenden Zusammenlebens, zu wünschen, daß sie ihre naturnahe Kultur und Lebensweise selbstbestimmt weiterführen können.

Albert Kunze

Beim Spinnen von Ziegenhaar im Zelt mit der traditionellen Handspindel.
Stamm der Sarıkeçili, Provinz Denizli 1993

Literatur

Aksu, Fehmi, 1937 *Horzum Yörükleri*. In: Ün II, Nr. 17, 1937.

Anderson, Sonia, 1989 *An English consul in Turkey, Paul Rycent at Smyrna, 1667-1678*. Oxford.

Atabeyli, Nacı Kum, 1940 *Teke (Antalya) yürükleri hakkında notlar*. In: Türk-Tarih Arkeoloji ve Etnografya Dergisi 4, 1940, S. 213-222.

Atabeyli, Nacı Kum, 1949-1950 *Türkmen, Yürük ve Tahtacılar arasında tetkikler görüşler*. In: Türk Folklor Araştırmaları 1, S. 69-71, 90-92, 125+126, 156-158, 175+176.

Baha, Ahmet, 1932 *Safranbolu'da yürük düğünleri*. Istanbul.

Bartók, Béla, 1953 *Auf Volksliedforschungsfahrt in der Türkei*. In: Lindlar, Heinrich (Hg.), 1953 *Musik der Zeit. Eine Schriftenreihe zur zeitgenössischen Musik*. Heft 3: *Béla Bartók*, S. 23-26, Bonn.

Bartók, Béla, 1976 *Turkish folk music from Asia Minor*. Hg. v. Suchoff, B., 1976. Princeton und London.

Bates, Daniel G. u. Susan H. Lees, 1977 *The role of exchange in a productive spezialization*. In: American Anthropologist 79, 1977, S. 824-841.

Bates, Daniel G., 1971 *The role of the state in peasant-nomad mutualism*. In: Anthropological Quarterly 44, 1971, S. 109-131.

Bates, Daniel G., 1972 *Differential access to pasture in a nomadic society: the Yörük of Southeastern Turkey*. In: Irons, W. u. N. Dyson-Hudson (Hg.) 1972 *Perspectives on nomadism*, S. 48-59.

Bates, Daniel G., 1973 *Nomads and Farmers - a study of the Yörük of Southeastern Turkey*. In: Museum of Anthropology, University of Michigan. Anthropological Papers Nr. 52. Ann Arbor.

Bates, Daniel G., 1974 *Normative and alternative systems of marriage among the Yörük of south-eastern Turkey*. In: Anthropological Quarterly 47, S. 270-287.

Bates, Daniel G., 1974 *Shepherd becomes farmer - a study of sedentarization and social change in Southeastern Turkey*. In: Benedict, P. u.a. (Hg.), 1974 *Turkey — geographic and social perspektives*, S. 92-134. Leiden.

Bates, Daniel G., 1978 *Yörük*. In: Weekes, R.B. (Hg.), 1978 *Muslim Peoples. A world ethnographic survey*, S. 494-498.

Bazin, Marcel, 1987 *Le nomadisme yörük aujourd'hui: les Sarikecili du Taurus central*. In: Production Pastorale et Société, Nr. 20, 1987, S. 11-29.

Bazin, Marcel, 1990 *Land-und Raumnutzungskonflikte in Kilikien (Türkei)*. In: Geogr. Rundschau 12, 1990, H. 11, S. 584-590.

Bazin, Marcel, 1991 *Nomads and settlers in Central Taurus*. In: Nomadic peoples, 1991,

Bent, Th., 1890 *The Yourouks of Asia Minor*. In: Journal of the Royal Anthropological Institute 20, 1890/91.

Bent, Th., 1891 *On the nomadic tribes of Asia Minor*. London.

Boratav, Pertev N., 1975 *Türkische Volkserzählungen und die Erzählkunst*. 2 Bde. Übers.: Eberhard, Wolfram.

Caferoğlu, Ahmet, 1973 *Anadolu etnik yapısının oğuz-türkmen-yörük üçlüsü*. İslam Tetkikleri. In: Enstitüsü-Dergisi Nr. 5, S. 75-86.

Çetintürk, Selahaddin, 1943 *Osmanlı imparatorluğunda yürük ve hukukî statüleri*. In: Ankara Universitesi Dil ve Tarih-Coğrafya Fakültesi Dergisi II, Nr. 1.

Çokal, Mehmet, 1963 *Yürükler ve gelenekleri*. In: Türk folklor Araştırmaları Nr. 8, S. 3026-3027.

Dedem, Korkut, 1984 *Vier alttürkische Nomadensagen neu erzählt von Adnan Binyazar*. Berlin.

Delevaud, Claude Collin, 1958 *Monographie humaine du terrain rural de Yörük yayla (Phrygie, Turquie)*. In: Annales de Geographie 67, 1958, S. 521-539.

Demercioğlu, Yusuf Ziya, 1933 *Yürükler ve Cumhuriyet*. In: Öz Dilimize Doğru 2/14, Nr. 10, S. 9-10.

Demercioğlu, Yusuf Ziya, 1934 *Yürükler ve köylülerde hikayeler masallar*. Istanbul.

Demercioğlu, Yusuf Ziya, 1936 *Köylerden, yürüklerden kamile hikayeler*. Istanbul.

Die weiße Ziegenwolle wird nach dem Spinnen zu einem Knäuel zusammengerollt.
Stamm der Sarıkeçili, Provinz Denizli 1993

Anschlaggabeln aus Zedernholz und aus Metall mit Holzgriff, die sowohl beim Weben als auch beim Knüpfen Verwendung finden.
Sammlung Kunze

Dönmez, Yusuf, 1963-1964 *A Yörük (nomadic) settlement west of Karasu*. In: Review of the Geographical Institute of Istanbul 9-10, S. 161-179.

Dönmez, Yusuf, 1963-1964 *Karasu batısında bir yörük yerleşmesi*. In: İstanbul Üniversitesi Coğrafya Dergisi 14, 1963-1965, S. 181-199.

Durul, Yusuf, 1957 *Türkmen, Yürük, Afşar halı ve kilim motifleri üzerine araştırma*. In: Türk Etnografya Dergisi 2, S. 65-66.

Durul, Yusuf, 1974 *Anadolu kilimlerinin teşhisi ve imler*. In: Uluslararası Türk Folklor Semineri Bildirileri, S. 278-287.

Durul, Yusuf, 1977 *Yörük kilimleri. Niğde yöresi*. Istanbul.

Eberhard, Wolfram, 1953 *Nomads and Farmers in southeastern Turkey: problems of settlement*. In: Oriens 6, S. 32-49.

Eckert, Georg, 1942 *Die Jürüken in Zentral-Mazedonien*. In: Buletinul Institutului Roman din Sofia 1, Nr. 2, 1942, S. 561-566.

Eggeling, Willy J., 1976 *Nomaden in Jugoslawien*. In: Digest des Ostens 19, Nr. 5, 1976, S. 39-42.

Engüllü, Avni, 1974 *Yürüklerde düğün*. In: Sesler 9, 1974, S. 103-107

Eremeev, D.E., 1969 *Jurjuki. Tureckie kočevniki i polukočvniki*. Moskau.

Eröz, Mehmet, 1991 *Yörük*. Istanbul.

Faegre, Torvald, 1979 *Tents. Architecture of the Nomads*. London.

Feilberg, Carl Gunnar, 1944 *La Tente Noire. Contribution ethnographique à l'histoire culturelle des nomades*. In: Nationalmuseets Skrifter, Etnografisk Raekke II. Kobenhavn.

Frödin, John, 1945 *Les formes de la vie pastorale en Turquie*. In: Meddelanden fran Uppsala Universitets Geografiska Institutionen. Ser. A. Nr. 41. Stockholm.

Gökçen, İbrahim, 1950-1953 *Makedonya Yürük Folkloru I-XV*. In: Türk Folklor Araştırmaları 1 und 2, 1950-1953.

Gökçen, Ibrahim, 1946 *Saruhan'da yörük ve türkmenler*. Istanbul.

Gökbilgin, Tayyib, 1948 *Rumeli'nin iskânında ve türkleşmesinde yürükler*. In: Türk Tarih kurumu yayınları IX, Nr. 3, 1948, S. 648-660.

Gökbilgin, Tayyib M., 1957 *Rumeli'de Yörükler, Tatarlar ve Evlad-i Fatihan*. In: Istanbul Üniversitesi Edebiyat Fakültesi yayınları 748. Istanbul.

Göney, Süha, 1977 *The nomads and the reason of their sedentarisation in West-Anatolia, especially in Büyük Menderes region of Turkey*. In: Review of the University of Istanbul, 16, 1977/78, S. 87-98.

Gordlevskij, Vladimir Alexandrovič, 1914 *Jurjuki. Tureckie kočevniki*. In: Izvestija Kaukazskogo otdelenija Russkogo Geografičeskogo Obşčestva XXII, S. 327-330.

Güngör, Kemal, 1939 *Denizli havalısı Yürükleri üzerinde antropolojik ilk tetkik ve neticeleri*. In: Türk antropoloji mecmuası 19-22, 1939.

Güngör, Kemal, 1941 *Cenubî Anadolu yürüklerinin etno-antropolojik tetkiki*. Ankara.

Gürdal, Mustafa, 1976 *Antalya Yürükleri*. In: Türk Etnografya Dergisi XV, S. 65-72.

Hütteroth, W.D., 1959 *Bergnomaden und Yaylabauern im mittleren kurdischen Taurus*. Marburg.

Hütteroth, W.D., 1982 *Türkei*. Wissenschaftliche Länderkunde. Stuttgart.

Imhof, Eduard u.a., 1970 *Unbekannte Türkei. Wo Ost und West sich begegnen*. Bern.

Johansen, Ulla, 1958 *Alttürkisches Leben im modernen Staat. Zum Problem der Taurus-Nomaden*. In: Mitteilungen der Deutsch-Türkischen Gesellschaft 22, 1958, S. 1-4.

Johansen, Ulla, 1965 *Die Nomadenzelte Südost-Anatoliens*. Sonderdruck. In: Bustan 2, 1965, S. 1-5.

Kademoğlu, Osman, 1974 *Yörüklerde üç direkli karaçadır*. In: Uluslararası Türk Folklor Semineri Bildirileri, S. 296-304.

Karaboran, H., 1977/78 *Die Aktionen der Firka-i-İslähiye und ihre Bedeutung für einen Strukturwandel der Oberen Çukurava (Türkei) - Die Ausrottung des Nomadentums*. In: Review of the Geographical Institute of the University of Istanbul, int. ed. 1977/78, S. 149-161.

Kemal, Yaşar, 1971 *Bin boğalar efsanesi*. Istanbul.

Kemal, Yaşar, 1979 *Das Lied der tausend Stiere*. Zürich.

Kunze, Albert, 1987 *Nomadentum in Anatolien. Lebensformen im Wandel der Geschichte*. (Unveröffentlichte Magisterarbeit). Tübingen.

Mercan, Hasan, 1978 *Yugoslav Yörüklerinin halkbilim anlayışı*. In: Türk Folklor Araştırmaları 18, 1978, S. 8246+8247.
Merry, O. u. K. JÉROM, 1961 *Le nomadisme en Anatolie*. In: Connaisance du monde 31, 1961, S. 63-69.
Orga, Irfan, 1958 *The caravan moves on*. London.
Özbayrı, Kemal, 1972 *Tahtacılar ve Yörükler*. Paris.
Özbayrı, Kemal, 1972 *Tahtacılar ve Yörükler*. In: Bibliothèque Archéologique et Historique de l'Institut Français d'Archéologie d'Istanbul XXIII.
Özer, Kemal, 1940 *Balıkesir'de yürük ve çepni Türkleri*. In: Uludağ 27, S. 35-38 und 21-24.
Özer, Kemal, 1948 *Balıkesir yürük ve çetmi Türkleri*. Bursa.
Pekin, Ersu, 1975 *Yörük çuvalları*. In: Sanat dünyamız 2, Nr. 5, S. 14-20.
Pekin, Ersu, 1976 *Yörüklerde yük çulu*. In: Kültür ve Sanat Dergisi 4, S. 122-137.
Planhol, Xavier de, 1958 *De la plaine Pamphylienne aux lacs Pisidiens: nomadisme et vie paysanne*. In: Bibliothèque Archéologique et Historique de l'Institut Français Archéologie d'Istanbul III. Paris.
Planhol, Xavier de, 1959 *Geography, politics and nomadism in Anatolia*. In: International Social Science Journal IX, 1959, S. 525-531.
Planhol, Xavier de, 1968 *Les fondements geographique d'histoire de l' Islam*. Paris. Über Yörük S. 294-298.
Planhol, Xavier de, 1969 *L'evolution du nomadisme en Anatolie et en Iran - etude comparée*. In: Földes, 1969, S. 69-93. Budapest.
Planhol, Xavier de, 1975 *Kulturgeographische Grundlagen der islamischen Geschichte*. München und Zürich.
Radovanovic, Vojislav S., 1927 *Jurukluk*. In: Narodna Enciklopedija Srpsko-Hrvatsko-Slovenacka II, 1927, S. 208.
Reinhard, Kurt, 1962 *Türkische Musik*. Berlin.
Reinhard, Kurt, 1975 *Bemerkungen zu den Aşık, den Volkssängern der Türkei*. In: Asian Music 6, 1975, S. 189-206.
Reinhard, Kurt, 1975 *Die Musikpflege türkischer Nomaden*. In: Zeitschrift für Ethnologie 100, 1975, S. 115-124.
Reinhard, Kurt und Ursula Reinhard, 1968 *Auf der Fiedel mein ... Volksliedtexte von der Schwarzmeerküste*. 1968.
Reinhard, Ursula und Volker Reinhard, 1974 *Notizen über türkische Webteppiche insbesondere bei südtürkischen Nomaden*. In: Baessler Archiv N.F. 22, 1974, S. 165-223.
Reinhard, Ursula, 1965 *Vor den Häusern eine Weide ... Volksliedtexte aus der Südtürkei*. Berlin.
Reinhard, Ursula, 1975 *Silifke Yöresi Dokumaları*. In: I. Uluslararası Türk Folklor Kongresi Bildirileri 5. Etnografya, S. 241-250.
Reinhard, Ursula, 1978 *Turkic nomad weaving in the Döşemealtı (Antalya) area of southern Turkey*. In: Landreau, 1978, S. 32-35.
Roux, J.P., 1961 *La sédentarisation des nomades Yürüks du vilayet d'Antalya*. In: L'Ethnographie N.S. Nr. 55, S. 64-78.
Roux, J.P., 1970 *Les traditions des nomades de la Turquie méridionale*. Paris.
Roux, Jean-Paul, 1963 *Quelques notes sur les nomades pasteurs de la province d'Antalya*. In: L'Ethnographie N.S. Nr. 57, S. 55-70.
Rusic, B., 1962 *Juruci*. In: Enciklopedija Jugoslavije 5, 1962, S. 163+164.
Saygun, A. Adnan, 1976 *Bela Bartok's folk music research in Turkey*. Hg. v. Vikar, Lazlo. Budapest.
Scholz, Fred, 1994, *Nomadismus — mobile Tierhaltung*. In: Geographische Rundschau 2, 1994, S. 72-78.
Scholz, F. u. J. Janzen, 1982 (Hg.) *Nomadismus - ein Entwicklungsproblem?* Berlin.
Siddik, Bekir, 1900 *Karakeçili Yürükleri*. Istanbul.
Snoy, P. 1983 (Hg.), *Ethnologie und Geschichte - eine Festschrift für Karl Jettmar*. Wiesbaden.
Şölen, Hikmet, 1945 *Aydın ili ve Yörükler*. Aydın.
Statistisches Bundesamt, 1989 *Länderbericht Türkei*. Wiesbaden.
Su, Kâmil, 1938 *Balıkesir ve cıvarında Yürük ve Türkmenler*. Istanbul.
Sümer, Faruk, 1976 *Oğuzlar (Türkmenler): Tarihleri - Boy Teşkilati - Destanlar*. Ankara.

Frauen-Fes mit Silberketten.
Sammlung Johansen des Hamburgischen Museums für Völkerkunde

Kelim aus der Region Mut.
Sammlung des Völkerkundlichen Instituts der Universität Tübingen

Svanberg, Ingvar, 1979 *A Bibliography of the Turkish-Speaking Tribal Yörüks*. In: Materialia Turcica 5, 1979, S. 25-40.

Svanberg, Ingvar, 1979 *Yörükerna paâ Plackovicabergen i Makedonien* - Institut für Ethnologie, Universität Uppsala. [Mimeographie]

Tosunbaş, Müyesser, 1975 *Karahacılı aşiretinde çadır*. In: Türk Folklor Araştırmaları 16, S. 7398.

Truhelka, C'iro, 1934 *Über die Balkan-Yürüken*. In: Revue Internationale des Etudes Balkaniques I, 1934, S. 89-99.

Truhelka, C'iro, 1936 *O maćedonskim Jurucima*. In: Zbornik za istoriju južne Srbije i susednih oblasti 1, 1936, S. 327-354.

Träger, P., 1905 *Die Yürüken und Konjaren in Mazedonien*. In: Zeitschrift für Ethnologie, 1905, S. 198-205.

Tsakyroglous, M., 1891 *Die Yürüken*. In: Das Ausland. Wochenschrift für Erd- und Völkerkunde 64, 1891, S. 341-344, 366-372.

Tübinger Atlas des Vorderen Orients, 1977-1993. Hg. v. Sonderforschungsbereich 19 der Deutschen Forschungsgemeinschaft an der Universität Tübingen. Wiesbaden.

Tunçdilek, Necdet, 1963+1964 *Yayla settlements and related activities in Turkey*. In: Review of the Geographical Institute of the University of Istanbul 9/10, 1963/64, S. 58-71.

Tunçdilek, Necdet, 1964 *Türkiye'de yaylalar ve yaylacılık*. In: İstanbul Üniversitesi Coğrafya Enstitüsü Dergisi 14, 1964, S. 15-28.

Viyonis, S., 1975 *Nomadization and Islamization in Asia Minor*. In: Dumbarton Oakes Papers 29, S. 41-71.

Werner, E., 1966 *Yürüken und Wlachen*. In: Wissenschaftliche Zeitschrift der Karl-Marx-Universität Leipzig, 15. Jahrgang. Gesellschafts- und sprachwissenschaftliche Reihe 3, 1966, S. 471-478. Leipzig.

Werner, Ernst u. Werner Markov, 1978 *Geschichte der Türken von den Anfängen bis zur Gegenwart*. Berlin. Über Yörük S. 63-65ff.

Werner, Ernst, 1976 *Zwei Bemerkungen zum Nomadenwesen*. In: Ethnographisch-archäologische Zeitschrift 17, 1976, S. 295-302.

Wirth, E., 1969 *Der Nomadismus in der modernen Welt des Orients - Wege und Möglichkeiten einer wirtschaftlichen Integration*. In: Kraus, 1969, S. 84-107.

Yalgın, Ali Rıza, 1932-1939 *Cenupta Türkmen Oymakları*. Vol. I und II. In: Kültür Bakanlığı Yayınları Nr. 256. Ankara.

Yalgın, Ali Rıza, 1933 *Yürüklerde kadın*. In: Öz Dilimize Doğru 2, Nr. 13, S. 10-11.

Yalgın, Ali Rıza, 1934 *Yürüklerde göç*. In: Öz Dilimize Doğru 3, Nr. 19, S. 12-15.

Yalgın, Ali Rıza, 1939 *Cenup Yürüklerinde dericilik*. In: Halkbilgisi Haberleri 9, Nr. 97, S. 7-10.

Yalgın, Ali Rıza, 1940 *Yürüklerde nişan töreni*. In: Görüşler 29, Nr. 10, S. 30-33.

Yılmaz, Duran, 1983 *Yörük hikayeleri*. Ankara.

Glossar

ağa Herr, Meister; nach dem Vornamen, z.B. İsa Ağa, verwendet auch für geachtete, meist ältere Männer
aşiret Volksstamm, Nomadenstamm
at Pferd
çadır Zelt
cin Geist
çoban Hirte
çuval Sack; die Yörük unterscheiden zwischen *ak çuval* - weißer Sack für Lebensmittel und *ala çuval* - bunter Sack für Kleiderstücke
deve Dromedar, das einhöckrige Kamel. In der Türkei gibt es sehr selten die zweihöckrigen Trampeltiere, die in Zentralasien vorkommen
düdük kleine Flöte aus Schilfrohr
eşek Esel
göçebe Nomade/Nomadin, von der Wurzel *göç* - Wanderung
halı geknüpfter Teppich
kabile Nomadenstamm, Zeltgruppe
kara çadır schwarzes Zelt aus Ziegenhaar
kaval lange Holzflöte
keçe Filz(teppich)
keçi Ziege; je nach Farbe des Haars: *ak, kara* und *sarı keçi* - weiße, schwarze und beigefarbene Ziege
kelim Webteppich
kışlak Winterweide; von der Wurzel *kış* - Winter
koyun Schaf; auch unterschieden nach der Farbe: *ak* und *kara koyun* - weißes und schwarzes Schaf
Kürt Kurde/Kurdin; Name einer Volksgruppe im Osten der Türkei, die eine iranische Sprache spricht. Sie stellt die größte Nomadenbevölkerung der Türkei
oba Nomadenzelt, -familie, -gruppe, -zeltlager
otlak Weide
saz Langhalslaute
sülale Stammbaum, Geschlecht, Dynastie, Klan, lineage
Türkmen Turkmene/Turkmenin; Name einer Volksgruppe in der Zentral- und Südosttürkei mit türkischer Sprache. Früher gab es viele Nomadenstämme unter ihnen, die um die Jahrhundertwende meist seßhaft (gemacht) wurden
yayla Sommerweide; von der Wurzel *yaz* - Sommer
yufka Fladenbrot aus Weizenmehl

Wasserkanne aus verzinntem Kupfer.
Sammlung Johansen des Hamburgischen Museums für Völkerkunde

2 1/2jähriger kastrierter Ziegenbock (*seyis*) nach der Schur. Um ihn beim Verkauf voller und schöner erscheinen zu lassen, ist ihm durch einen treppenstufenartigen Schnitt ein Teil des Haars belassen worden. Stamm der Karaevli, Provinz Adana 1957 (U.J.)

Yörük-Frauen vom Stamm der Sarıkeçili melken die Mutterschafe. Um sich die Arbeit zu erleichtern haben sie eine Mauer aus Steinen aufgehäuft, die nur einen kleinen Durchgang offen läßt. Die Jungen der Familie sorgen dafür, daß die Schafe nicht nach hinten ausbrechen können. Eine Frau hält jeweils zwei Schafe fest, die von den beiden anderen gemolken werden (vgl. S. 18).
Provinz Denizli 1993

Kartennachweis

S. 50, 51, 72: Hütteroth, 1982; S. 53: Imhof u.a., 1970; S. 54/55, 73, 130/131: Tübinger Atlas des Vorderen Orients, 1977-1993.

Fotonachweis

Volker Höhfeld: S. 78, 79; Ulla Johansen: S. 9, 22, 24 oben, 24 unten, 25 oben, 25 unten, 26, 27, 29, 30, 31, 32, 34, 35, 36 oben, 36 unten, 38, 39 oben, 39 unten, 40, 48, 64, 69, 70, 81, 83, 90, 91, 97, 98, 99, 100, 112, 122, 123, 124, 126, 135, 150, 151, 153 oben, 153 unten, 155 oben, 156 oben, 156 unten, 157, 159 oben, 159 unten, 172; Ute Kreckel und Sabine Weilandt: S. 121 unten, 137, 138, 139, 140, 174; Albert Kunze: S. 10, 11, 12, 14, 15, 17, 18, 19, 20, 21, 60, 61, 89 oben, 101, 115, 128, 129, 133, 158, 160, 165, Umschlagrückseite; Petra Lindemaier: S. 16, 65, 82, 94, 95, 108, 127 oben, 127 unten, 136; Andreas Lobe: S. 37, 85, 86, 87, 89 unten, 117, 118, 119, 120, 134, 155 unten, 161, 162, 163, 164, 168, 169, 170, 171; George Mayer: S. 6, 7, 41, 44, 46, 76, 80, 92, 109, 149, 152, 166, 167; Murat Türemiş: Umschlagtitel, S. 52, 56, 84, 93, 96, 102, 105, 106, 107, 147; Konrad Witt: S. 8, 42, 43, 47, 49, 58, 63, 66, 74, 75, 88, 121 oben, 132, 146, 154, 173.

Graphiken

S. 60, 61: George Mayer; S. 77: Albert Kunze; S. 110: Hütteroth, 1982; S. 125: Ingo Ala'u din Zimmermann.

Kuppelzelte aus schwarzem Ziegenhaar in der Gegend von Mut.
Provinz İçel (Mersin) 1989

Kultur publik — Wanderausstellungen

HOPI und KACHINA. Indianische Kultur im Wandel (1988/89, Katalog-Buch im Trickster Verlag, München)

TUWANASAVI. Bedrohtes Überleben im Land der Hopi-IndianerInnen (ab 1988, Katalog-Broschüre im Selbstverlag, herausgegeben mit der Gesellschaft für bedrohte Völker)

BOMBENSICHER. Atomic Photographers Guild. Internationale FotografInnen dokumentieren die Atomzeit: ... Hiroshima ... Nevada ... Tschernobyl ... (ab 1990, Katalog im Selbstverlag, im Vertrieb des Raben Verlags, München, herausgegeben mit Robert Del Tredici)

YÖRÜK. Nomadenleben in der Türkei / YÖRÜK. Türkiye'de göçebe yasamı (1994-1996, Katalog-Buch: Broschur im Selbstverlag, kartonierte Ausgabe im Trickster Verlag, München)

n.t.r. — nothing to report — Alltägliches aus dem Krieg in Kroatien und Bosnien (ab 1994, Katalog-Broschüre geplant)

In Vorbereitung

HANF. Geschichte und Kultur einer Heil-, Nutz- und Rauschpflanze (Arbeitstitel) (ab 1995, Katalog-Buch auf Hanfpapier geplant)

Weitere Angebote

Ausstellungstransporte, Transportkoffer nach Maß, Organisation von Veranstaltungen und Ausstellungen im Bereich Völkerkunde, Volkskunde, Kulturgeschichte, Ökologie

Kultur publik - Ausstellungs- und Verlagsgesellschaft
Killertalstr. 13
D-72379 Hechingen
++49-(0)7477/tel: 1606, /fax: 8206

Aus unserem Programm

Gerhard Kubik

Makisi Nyau Mapiko
Maskentraditionen im bantusprachigen Afrika

198 S., 65 s/w Abb., DM 68,-; ÖS 531,-; SFR 69,-
ISBN 3-923804-63-6

Ein außergewöhnlicher Blick auf afrikanische Kunst: Masken nicht als Museumsobjekte oder lukrative Trophäen des Kunsthandels, sondern Masken in Bewegung, in ihrem sozialen und kulturellen Kontext

Marie-José van de Loo/Margarete Reinhart (Hrsg.)

Kinder
Ethnologische Forschungen in fünf Kontinenten

384 S., 60 s/w Abb., DM 49,-; ÖS 382,-; SFR 50,-
ISBN 3-923804-73-3

Weil wir alle einmal Kinder waren und Kinder um uns sehen, glauben wir zu wissen, was Kindheit ist. Aber die Kindheit in der westlichen Zivilisation ist keine universelle Erfahrung. In anderen Kulturen anderer Erdteile wachsen Kinder anders auf.
Der Band vereint Beiträge von international renommierten Ethnologinnen und Ethnologen

Georg Klute

Die schwerste Arbeit der Welt
Alltag von Tuareg-Nomaden

Reihe Rites de Passage, Band 6, 278 S. 20 s/w Abb., DM 48,-; ÖS 375,-; SFR 49,-
ISBN 3-923804-67-9

Tuareg-Nomaden: der Mythos von den "blauen Rittern der Wüste", das Bild dürrer Gestalten im Sahel ... Dieses Buch zeigt die alltägliche Arbeit der Kal-Adar-Tuareg. Sie sind weder ein aussterbendes Volk, noch willenlose Opfer ihrer Umwelt. Im Gegenteil, die Kal-Adar versuchen ihr Schicksal in die eigenen Hände zu nehmen ...

Trickster Verlag Schmied-Kochel-Straße 6 81371 München